Alfredo Gerardo Martínez Ojeda

LA INDEPENDENCIA DE LOS POSIBLES EN LA MENTE DE DIOS

La solución leibniziana al problema de la libertad y su relación con la creación del mejor de los mundos posibles

NOVA
LEIBNIZ

Granada, 2 0 2 6

COLECCIÓN
NOVA LEIBNIZ
11

Director:
JUAN ANTONIO NICOLÁS
(jnicolas@ugr.es)

Editorial Comares, S.L.
Polígono Juncaril
C/ Baza, parcela 208
18220 • Albolote (Granada)
Telf.: 958 465 382
E-mail: libreriacomares@comares.com
http://www.editorialcomares.com
https://www.facebook.com/Comares
https://twitter.com/comareseditor
https://www.instagram.com/editorialcomares

ISBN: 979-13-7033-049-1 • Depósito legal: GR. 6/2026

Fotocomposición, impresión y encuadernación: COMARES

A Laura, Romina y Elías.

A Bertha y Alfredo.
A Laura, Romina y Elías.

A Bertha y Alfredo.

SUMARIO

Agradecimientos

Este trabajo no habría sido posible sin la intervención y contribución de distintas personas e instituciones. Quiero expresar mi agradecimientos a todos ellos:

Al Dr. Alejandro Herrera Ibáñez, Por su paciente dirección. Por aceptar ser mi guía dentro del laberinto.

Al Dr. Juan Antonio Nicolás Marín, por su atenta lectura y sus atinadas observaciones. Por su apoyo a lo largo de los años.

Al Dr. Héctor Zagal Arreguín, por su apoyo y consejo.

A la Fundación Carolina, por la concesión de una beca del programa de estancias posdoctorales, gracias a la cual fue posible la estancia de investigación en la que este trabajo adquirió su forma final.

Al Instituto Tecnológico Autónomo de México (ITAM), en especial al Dr. Carlos McCadden y al Dr. Juan Carlos Mansur (sucesivamente jefes del Departamento Académico de Estudios Generales).

Prólogo

Han corrido ríos de tinta en torno al problema de la libertad, abordado por teólogos, filósofos y científicos. Dennett señala que ha habido todo un coro de científicos eminentes —en el que Einstein está incluido— que han dicho a quemarropa que la idea de que somos libres es ilusoria. Actualmente se ve como un problema netamente filosófico, exceptuando la neoescolástica. Sin embargo, durante toda la Edad Media y la Filosofía Moderna se vio como un problema teológico.

Siendo Dios omnisciente, ello implica que sabe todo lo que hice, lo que hago y lo que haré. Parezco entonces estar determinado en la eternidad a ser quien soy. ¿Dónde queda entonces mi libertad de acción? ¿Es realmente una ilusión, una mera percepción ilusoria? Si existe un Dios que sabe todo lo que haré, mi libertad parece esfumarse. O existe Dios o soy libre. O todo sucede con una necesidad absoluta o con una indiferencia absoluta.

Si Dios en su infinita sabiduría eligió crear —como afirma Leibniz— el mejor de los mundos posibles, ¿cómo es que en dicho mundo los seres humanos son libres para actuar moralmente bien o mal? Resuenan aquí los ecos sarcásticos de la parodia voltaireana. Se ha respondido a ella que el mejor de los mundos posibles leibniziano es en realidad el menos malo de los mundos posibles, así como la democracia no es el mejor de los sistemas políticos posible sino el menos malo de todos ellos. ¿Por qué? Porque en los seres inteligentes como los humanos la libertad de elección es una perfección. Un mundo donde nadie pudiera actuar mal sería un mundo de autómatas incapaces de contravenir los mandatos divinos, y el Creador no pudo desear un mundo así.

Pero si Dios ya «tenía» (expresión temporal inapropiada) en la eternidad la noción completa de lo que cada uno de nosotros somos, y su creación es perfecta, es de suponerse que antes de ser creados ya «estábamos» en la eternidad destinados a tener una naturaleza inmutable. En la mente divina éramos, antes de existir, una mera posibilidad; éramos entes posibles, meramente posibles no actualizados. Éramos sólo esencias carentes de existencia. Pero el hecho de que tanto las esencias como las existencias se originen en Dios haría pensar que, al tener en él su origen, tienen con él una relación de dependencia. Pero qué tanto para Leibniz dependen estas, y en qué grado, del entendimiento y de la voluntad de Dios, es lo que Alfredo Martínez nos muestra detalladamente. La elección divina de los posibles que se actualizan no es arbitraria, sino que es hecha a partir del carácter de las esencias en el entendimiento divino.

Si el mundo creado depende de la decisión de un Ser perfecto, necesariamente tendríamos que ser perfectos no sólo actualmente sino desde nuestra posibilidad en la mente divina. Para arrojar luz sobre este problema, Alfredo Martínez acuña una expresión que no está explícita en el opus leibniziano, a saber, la de la independencia de los posibles en la mente de Dios.

Para hacer comprensible la posición leibniziana, Alfredo Martínez hace un recorrido por posiciones anteriores frente al problema, como son las de San Agustín, el determinismo de Lutero y el necesitarismo de Descartes según Leibniz. E igualmente rastrea con lujo de detalle la posición de Leibniz a lo largo de sus escritos. Alfredo Martínez muestra cómo los posibles —contra lo que podría creerse— no son «diseñados» por la mente y la voluntad divinas, sino que son sólo «considerados» entre la infinidad de posibilidades que es la región de las ideas que no es otra que la mente de Dios. Surge la cuestión de si el mejor de los mundos posibles es el mejor porque Dios así lo quiso —la posición voluntarista de Ockham— o si ha sido elegido por Dios debido a que es armónicamente el mejor —la posición de Leibniz— con todo y las características correspondientes a la esencia de cada uno de los existentes, que no son en sí perfectos en sentido absoluto.

Tres han sido las posiciones frente al problema analizado por Alfredo Martínez: la determinista, la libertaria y la compatibilista. El autor explica de manera muy clara en qué sentido puede decirse que Leibniz es compatibilista, como lo son actualmente la mayoría de los filósofos, mostrando así la contemporaneidad del pensamiento leibniziano. Igualmente lleva a cabo un profundo análisis de la tesis de Leibniz en relación con la que llama «nuestra percepción cotidiana de la libertad», mostrando de nuevo su compatibilidad.

Alfredo Martínez hace en esta obra una exposición meticulosa y erudita del pensamiento leibniziano en torno al problema de la libertad sin dejar de reconocer que este sigue abierto. El lector acucioso se verá recompensado al seguir en estas páginas detalladamente la clara exposición y defensa que Alfredo Martínez hace al desmenuzar pormenorizadamente los vericuetos del pensamiento del gran filósofo de Hannover que fue Godofredo Guillermo Leibniz.

ALEJANDRO HERRERA IBÁÑEZ
Otoño de 2025

¿O soy libre o Dios existe?

Agosto de 1716. Leibniz ha regresado a Hannover luego de la negativa de Jorge I, recién ascendido al trono, de llevarle con él a Inglaterra. La muerte ya se cierne sobre el filósofo y descenderá en tan sólo tres meses más. El mismo problema. A pesar de haber sido resuelto y explicado en numerosas ocasiones vuelve a presentarse, esta vez con el rostro de Clarke. ¿Cómo es posible la libertad? Haciendo acopio de paciencia, Leibniz, una vez más, enuncia, en una carta del 18 de agosto, las líneas maestras de la solución que ha construido a lo largo de, prácticamente, cuatro décadas. Aprovecha la ocasión para expresar el asombro que le produce el hecho de que, sin importar cuántas veces haya expuesto, explicado y aclarado su postura (tanto a los que lo solicitaron como a los que no lo hicieron), se le vuelva a malinterpretar:

> Se afanan a menudo en imputarme la necesidad y la fatalidad, aunque quizás nadie haya explicado mejor y más profundamente que lo haya hecho yo en la *Teodicea* la verdadera diferencia entre libertad, contingencia, espontaneidad, de un lado, y necesidad absoluta, azar y coacción, de otro. No sé todavía si lo hacen porque quieren, pese a lo que yo pueda decir, o si esas imputaciones vienen, de buena fe, de quien no ha meditado aún en mis pensamientos (…)[1]

---

[1] On s'efforce souvent à m'imputer la nécessité et la fatalité, quoyque peutétre personne n'ait mieux expliqué et plus à fond que j'ay fait dans la *Theodicée*, la veritable difference entre liberté, contingence, spontaneité d'un coté, et nécessité absolue, hazard, coaction de l'autre. Je ne say pas encore si on fait parce qu'on le veut, quoy que je puisse dire; ou si ces imputations viennent de bonne foy, de ce qu'on n'a point encore pesé mes sentimens. J'experimenteray bientót ce que j'en dois juger, et je meregleray là dessus.

¿Cuál es la razón por la que dar solución al problema de la libertad es tan complicado? ¿Por qué el tema se presta a confusiones y faltas de precisión? ¿Cuál es la razón por la que Leibniz le dedicó más de la mitad de su vida a tratar de resolverlo? El problema de la libertad no fue, por supuesto, detectado originalmente por Leibniz, sino que inicialmente se formuló en la antigüedad clásica, me parece, como resultado natural del ejercicio de la filosofía. Por un lado, notamos que la realidad está ordenada, es racional, no procede de cualquier forma sino como le corresponde de acuerdo a su propia constitución. Por el otro lado, el ser humano, en la práctica parece no ajustarse a la forma de proceder del resto de la realidad. Al parecer puede obrar desordenada e irracionalmente. De hecho, parece que puede obrar de cualquier forma. De este modo se establecen los extremos de la disyunción: o bien todo está ordenado y determinado y, por lo tanto, la libertad es imposible, o bien no todo está determinado, el ser humano es libre, puede hacer lo que sea y por lo tanto no toda la realidad es racional. O perdemos la racionalidad de la realidad o perdemos la libertad. Ninguna de las dos opciones es, en principio, aceptable. Si a esto agregamos a Dios como causa del orden y racionalidad de la realidad el problema se hace más complejo: O existe Dios o soy libre[2]. Como puede apreciarse, la dificultad y la importancia del problema de la libertad no radican únicamente en determinar la configuración general de la realidad (racional o irracional, ordenada o caótica, determinada o indeterminada), sino que su posible solución implica, además, de manera directa y personal a cada uno de nosotros.

G. W. Leibniz, 1716, *Streitschriften zwischen Leibniz und Clarke. Leibniz' fünftes Schreiben. Quatrieme Reponse*. (18/08/1716), GP VII, 389 [Rada, 99].

[2]   Por supuesto, el problema libertad-determinación no solamente aparece cuando se considera a Dios como causa de la determinación o predeterminación del universo. La consideración de un universo determinado en términos estrictamente físicos produce un problema equivalente al que aquí se plantea. Para una introducción a este planteamiento (y una propuesta de solución) ver *Cerebro y Libertad* de Roger Bartra: «El cerebro estaría cruzado por cadenas causales empíricamente comprobables en las que habría una conexión entre pensamientos y acciones. La idea de que la conciencia, actuando libremente, es la causa de las acciones sería en realidad una ilusión. El libre albedrío es visto, desde esta perspectiva, meramente como una sensación construida por el organismo y no como una indicación directa de que el pensamiento consciente ha causado la acción, como lo ha formulado Daniel Wegner (*The Illusion of Conscious Will*). Según este psicólogo la gente cree equivocadamente que la experiencia de tener una voluntad es en realidad un mecanismo causal». BARTRA, Roger, *Cerebro y Libertad. Ensayo sobre la moral, el juego y el determinismo*, Cenzontle FCE, México, 2013, pp. 20-21.

Si la racionalidad y orden de la realidad equivalen a la imposibilidad de la libertad y la realidad es efectivamente racional, entonces la mayor parte de aquello por lo cual valoramos nuestras vidas se desvanece. ¿Qué sentido tiene la vida si no somos libres o si no podemos, al menos, llegar a serlo? Este problema, entendido como una disyunción que de alguna forma debe ser disuelta o cuyos extremos deben de ser reconciliados, ha sido encarado por muchas de las más ilustres y brillantes mentes del Occidente: Aristóteles, Zenón, Epicuro, Cicerón, Séneca, San Agustín, Duns Escoto, Santo Tomás de Aquino, Guillermo de Ockham, Martín Lutero, Erasmo de Rotterdam, René Descartes, Thomas Hobbes y por supuesto Baruch Spinoza, son sólo algunos de los pensadores que han fijado una postura con respecto a la libertad entendida como un problema, y en todos los casos las posturas, en general, consisten en la descripción de la relación entre determinación e indeterminación (o autodeterminación, en muchos casos) y se distinguen o acercan entre sí dependiendo de la relevancia o importancia que asignan a cada uno de los extremos. De entre todas las soluciones a este problema, la de Leibniz tiene dos características que la hacen especialmente interesante y digna de ser considerada tanto dentro de su propio contexto como en nuestro momento. En primer lugar, la solución leibniziana al problema de la libertad tiene la característica de que efectivamente se ubica en un punto medio entre dos posturas igualmente extremas y, a ojos de Leibniz, igualmente falsas. Esto es, la solución de Leibniz se ubica entre el necesitarismo absoluto y el indiferentismo absoluto:

> Leibniz tuvo el mérito de darse cuenta de que la auténtica libertad desaparecería si la conexión entre el entendimiento y la voluntad resultase demasiado fuerte *o* demasiado débil. Para ser libre, un acto de la voluntad no puede ser ni lógicamente necesario ni totalmente indeterminado. Para evitar estos extremos, Leibniz introdujo la noción de *inclinación*. Podemos discutir sobre su elección de términos, pero la necesidad de una función que haga el trabajo de la inclinación es obvia[3].

---

[3] It is to Leibniz's credit that he realized genuine freedom would vanish if the connection between the understanding and the will were *either* too strong or too weak. To be free, an act of the will can't be neither logically necessary nor totally undetermined. In order to avoid these extremes, Leibniz introduced the notion of *inclination*. We can quarrel over his choice of terms but the need for a connection which does the work of inclination is obvious. SEESKIN, Kenneth R., «Moral Necessity», en R. S. Woolhouse (ed.) *Gottfried Wilhelm Leibniz Critical Assessments*, Routledge, London & New York, 1994, p. 330. (Todas las traducciones del inglés son mías)

El necesitarismo absoluto es, para Leibniz, indeseable e insostenible debido, principalmente, a que implica una consideración incorrecta de Dios y, por tanto, una consideración incorrecta de la naturaleza y del ser humano. Considerar que en la naturaleza reina una necesidad ciega y absoluta es, o bien disolver a Dios en esa misma necesidad, convirtiéndolo en *algo* de la naturaleza, como hicieron, en opinión de Leibniz, los estoicos y Epicuro; o bien, la necesidad absoluta implica privar a Dios del atributo de la sabiduría: si es verdad que nada de lo que es, podría ser de otra manera, entonces es verdad que Dios no escoge nada, sino que hace lo que tiene que hacer. Su elección y acción son necesarias sin que se pueda encontrar en ello mérito alguno. La acción de Dios es, más bien, desarrollo o desenvolvimiento de la necesidad, tal como propone Spinoza. Como podrá suponerse, Leibniz considera a Dios como un ser perfectamente individual, realmente distinto de su creación, sabio y libre, es decir, no puede estar obligado, de forma absoluta, a elegir esto o aquello, sino que debe elegir con base en su perfecto conocimiento de las cosas, con base, pues, en lo que le parece mejor. Ahora bien, la consideración de la libertad (sea humana o divina) como indiferencia implica, a grandes rasgos, que la elección o no elección de algo se puede llevar a cabo en absoluta independencia de las características, reales o aparentes, del algo que se elige o se deja de elegir. Es decir, implica que es falso que el que elige se inclina o se deja de inclinar hacia los objetos debido a la bondad o maldad (reales o aparentes) que percibe en ellos; y que, más bien, los objetos son revestidos de bondad gracias a la elección o revestidos de maldad por obra de la no-elección, pero, en el fondo, el que elige es y se mantiene indiferente frente a la realidad. Esta postura constituye una decidida afrenta a la primera y básica creencia de Leibniz, creencia que se traduce en la piedra fundadora del edificio leibniziano: el principio de razón suficiente, nada sin razón. En segundo término, la solución de Leibniz tiene la particular característica de que es, efectivamente, una solución. Me explico. Leibniz realizó grandes esfuerzos por construir una explicación que incluyera todos los elementos pertinentes, que no tuviera áreas grises o inconclusas y que, por tanto, pudiera ser aplicada a cualquier caso particular, y me parece que lo logró. ¿Quiero decir con esto que la solución de Leibniz es completamente verdadera? Por supuesto que no. Quiero decir que la solución de Leibniz está completa y que no evita o deja en suspenso consecuencias, relaciones o aplicaciones a la práctica por difíciles que sean. En qué medida es verdadera o falsa es un asunto que sigue, por supuesto, abierto (aunque las características que señalo obran, me parece, ligeramente a su favor).

Dadas estas consideraciones generales, me propongo aportar algo de luz sobre el problema de la libertad en general y sobre la solución de Leibniz a este mismo problema en particular. En concreto, en este trabajo mostraré que:

a) El problema de la libertad, tal como Leibniz lo recibió, solamente se puede resolver si se le enfoca desde la perspectiva de la creación, esto es, desde la perspectiva de la relación entre creador y criatura, pues es únicamente desde esta perspectiva que se puede establecer claramente en qué consiste la diferencia entre estos. A partir de esta diferencia es posible, a su vez, establecer los alcances y los límites tanto de la acción divina como de la acción humana dentro de la cual se enmarca la acción libre.

b) La diferencia entre creador y criatura que hace posible la solución leibniziana al problema de la libertad consiste en lo que llamaré *independencia de los posibles en la mente de Dios* (IPMD). En cuanto a esta última, explicaré claramente en qué consiste, cuáles son sus límites y alcances y mostraré que, a pesar de que es un término acuñado por mí y no por Leibniz, es posible establecer que él lo usó y que es la pieza fundamental de su solución al problema de la libertad y elemento constitutivo de otras partes del sistema leibniziano

c) A pesar de que la solución de Leibniz al problema de la libertad posee claros rasgos deterministas, no excluye de forma absoluta la responsabilidad individual del agente humano, la cual está constituida por dos elementos: por un lado, la capacidad del agente humano de actuar desde sí mismo (espontaneidad, posible gracias a la IPMD), por el otro, la simultaneidad en la acción creadora de Dios, esto es, la creación considerada como creación continua. A partir de estos elementos estableceré, pues, de la forma más clara posible, en qué consiste la responsabilidad y cuáles son sus límites y alcances. Derivado de este mismo tema abordaré dos importantes cuestiones más: En primer lugar, si la posibilidad de actuar de un modo diferente al que de hecho lo hice es un requisito absolutamente necesario de la libertad y, en segundo lugar, si por su solución al problema de la libertad se puede ubicar a Leibniz como un compatibilista.

A fin de alcanzar estos objetivos, este trabajo se divide en cuatro capítulos. En el primero de ellos (Libertad y creación) se plantea la hipótesis de que a fin de considerar correctamente los elementos que permiten construir una solución al problema de la libertad, es necesario ubicarnos desde la perspectiva de la creación y que, por tanto, la explicación de la libertad presupone la explicación de la creación. Con el fin de probar esta hipótesis se presenta una breve revisión histórica de distintas soluciones al problema de la libertad, la cual se enfoca en mostrar como todas ellas se derivan o dependen de una consideración específica de la creación. Los autores elegidos cumplen dos requisitos: En primer lugar, son autores representativos en el sentido de que sus soluciones determinaron o influyeron en las respuestas de otros autores de sus respectivas épocas, dando lugar o fundando corrientes generales de pensamiento. En segundo lugar, son autores que constituyeron una influencia específica para la solución de Leibniz. Los autores elegidos son San Agustín, Lutero y Descartes. Se incluye en este mismo capítulo la posición de Leibniz con respecto al tema y los elementos constitutivos de esta posición. Se adelanta que esta posición supone la IPMD.

En el segundo capítulo (La independencia de los posibles en la mente de Dios) se introduce, a partir de un análisis de la explicación leibniziana de la creación, el concepto de independencia de los posibles en la mente de Dios, el cual consiste, de modo general, en el hecho de que los posibles (o esencias) a partir de los cuales los individuos son llevados a la existencia, no son diseñados por un acto de la voluntad divina sino que únicamente son considerados, por un acto del entendimiento divino, tal como desde la eternidad son. Se plantea la hipótesis de que este es un concepto leibniziano en el sentido de que fue usado por él aun cuando no lo acuñara explícitamente. Para probar esta hipótesis se presenta un análisis histórico-conceptual de las obras de Leibniz (1670-1714) que muestra la presencia, el desarrollo y las funciones que Leibniz dio a la IPMD.

En el tercer capítulo (La relación entre la independencia de los posibles en la mente de Dios y la libertad) en primer lugar, se plantea y resuelve el problema de cómo es que IPMD funda la libertad siendo esta una característica exclusiva de los seres racionales y aquélla, en cambio, una característica que alcanza a todos los seres. Esta solución consiste, de modo general, en establecer la relación que existe entre la IPMD y el concepto leibniziano de noción completa de una sustancia individual, la cual posibilita: a) en primer lugar, el flujo de todas las características (incluidas las acciones) de la sustancia individual desde sí misma, esto es, la espontaneidad; y b) en segundo término explica la presencia, en algunos casos, de la inteligencia como causa de algunas de las acciones. De esta forma, la IPMD, por un lado, hace posible la espontaneidad en todos los seres y, por el otro, hace posibles las acciones cuya causa es la inteligencia (libres) en algunos de ellos. En segundo lugar, este tercer capítulo plantea la hipótesis de que Leibniz usó el concepto de IPMD (aunque no lo formuló explícitamente) como la pieza fundamental para construir la solución definitiva al problema de la libertad. Para probar esta hipótesis se presenta, una vez más, una revisión histórico-conceptual de la obra de Leibniz (1671-1714) que muestra que las distintas versiones de la mencionada solución están, prácticamente desde la primera formulación y a pesar de diversas transformaciones, fundadas en la IPMD.

Finalmente, en el cuarto capítulo (La solución leibniziana puesta en práctica) se plantea y resuelve la cuestión de si el concepto leibniziano de libertad es o no irreconciliable con la percepción cotidiana de la libertad (PCL). Para tal efecto se establece, en primer lugar, una noción general de PCL, la cual exige el cumplimiento de tres requisitos: a) contingencia, b) propiedad sobre los actos y c) la capacidad de haber actuado de una forma distinta a la que de hecho se actuó. A continuación, se compara cada uno de estos requisitos con la postura de Leibniz y se explica cómo es que esta es capaz de dar cuenta, en sus propios términos, de a) y b), y cómo es definitivamente irreconciliable con c). Por último, se hace un breve análisis y valoración de las causas y consecuencias de esta incapacidad para cumplir con c).

Capítulo I
Libertad y creación

Alrededor de 1671 Leibniz escribía:

> De entre todas las preguntas que acucian al género humano, ninguna suscita mayor acaloramiento, es reiterada con tanta frecuencia, ni tampoco acarrea más riesgo o atrocidad, que esta controversia: *cómo cabe conciliar la libre voluntad del ser humano, los castigos y las recompensas, con la omnipotencia y la omnisciencia de ese Dios que lo rige todo*[1].

El problema de la libertad en general y el de la forma de conciliar dicha libertad con la existencia de un Dios omnipotente y omnisciente, en particular, constituyó uno de los temas recurrentes en el pensamiento leibniziano a lo largo de, prácticamente, 40 años. El problema específico de la posible conciliación entre Dios (y sus atributos) y la libertad humana se puede plantear en los siguientes términos: De la suposición de que Dios es omnipotente y omnisciente, se puede concluir que, o bien Dios, en virtud de que lo sabe todo y lo puede todo, lo hace todo y por tanto la libertad humana es imposible (Dios hace todo, DHT); o bien que Dios lo sabe todo y lo puede todo, pero no lo hace todo y por tanto la libertad humana es posible (Dios no hace todo, DNHT). En caso de DHT

---

[1]   Unter allen Fragen, so das menschliche Geschlecht verwirret, ist keine mit mehrer Hitze getrieben, öfter wiederholt, gefährlicher und grausamer ausgeübt worden als diese Streitigkeit: *wie mit der Allmacht und Allwissenheit des alles-regierenden Gottes der freie Wille des Menschen, Strafe und Belohnung, stehen könne*. G. W. Leibniz, 1670-71, *Von der Allmacht und Allwissenheit Gottes und der Freiheit des Menschen* §1, AA VI, 1, 537 [Roldán, 57].

los atributos divinos de la omnipotencia y la omnisciencia implican que Dios es el responsable, la causa, de toda la realidad efectiva de todas las cosas, incluyendo las acciones humanas y cada uno de los componentes de las acciones humanas (la elección, por ejemplo). En este supuesto la libertad humana, entendida como la capacidad de ser causa (aunque sea parcial) de mis propias acciones, resulta prácticamente imposible pues, si toda la realidad efectiva de las acciones humanas es atribuible a Dios, el ser humano, en estricto sentido no actúa, sino que el que actúa, siempre, es Dios. De esta forma, parece que lo adecuado, si se quiere conciliar la libertad humana y los atributos divinos de la omnipotencia y la omnisciencia, es elegir DNHT. Sin embargo, asumir DNHT implica dar respuesta a la siguiente cuestión: Si Dios no hace todo ¿en qué consiste exactamente aquello que Dios no hace y que, sin embargo, existe? Si esto no fuera suficientemente difícil, de plantear e intentar resolver esta cuestión se derivan otras igualmente complejas: ¿Cuál es la razón por la que Dios no hace lo que no hace? ¿Cómo es que existe o en qué sentido se pude decir que existe lo que Dios no hace? ¿Cómo exactamente se relaciona lo que Dios no hace y la libertad humana? A pesar de que optar por DNHT resulta mucho más complicado, es, como dije, la vía que aparece como más adecuada para intentar una explicación que concilie a Dios (y sus atributos) y la libertad humana.

Propongo que, a fin de desarrollar DNHT hasta lograr esta explicación, lo más adecuado es enfocar el problema desde la perspectiva de la creación. De hecho, esta es la perspectiva que, como intentaré mostrar, han adoptado algunos de los autores que han trabajado en una propuesta más o menos conciliatoria de la libertad y los atributos divinos, Leibniz entre ellos. Desde la perspectiva de la creación se puede establecer, precisamente, en qué consiste el creador, en qué consiste la criatura y en qué consiste su relación. Es decir, desde la perspectiva de la creación es posible establecer en qué consiste la diferencia entre creador y criatura, diferencia que permite establecer también cuáles actos corresponden al creador y cuáles corresponden a la criatura y si, en estos últimos existe la posibilidad de la libertad. Esta misma diferencia o distancia entre el creador y la criatura es precisamente lo que aparece como débil o inexistente en DHT: Si en todo acto existente el que actúa es Dios, el agente humano es inexistente, no sólo en tanto que agente sino, incluso, en tanto que individuo. La diferencia entre creador y criatura, los límites de Dios con respecto al ser humano se tornan inciertos hasta desaparecer: la criatura es anulada por Dios, o, mejor dicho, en Dios. Resolver el problema de la libertad implica explicar la libertad desde la creación, fundar la libertad en el «proceso» de constitución de los seres, y sólo de esta forma es posible conciliar esta con Dios y sus atributos. La libertad es, como se ha dicho ya en reiteradas ocasiones, un tema que no se agota ni resuelve en la ética ni en la antropología, sino que tiene su último fundamento en la metafísica. A partir de estos supuestos intentaré mostrar a lo largo de este apartado que, en primer lugar, la estrategia de adoptar la perspectiva de la creación a fin de construir una explicación que concilie la libertad humana y a Dios y sus atributos es implementada por varios autores relevantes en la historia de la filosofía, específicamente San Agustín, Lutero, Descartes y, por supuesto, Leibniz; en segundo lugar, que el planteamiento leibniziano del problema y su correspondiente solución, tienen como referencia y contexto las soluciones que para el mismo problema fueron propuestas por San Agustín, Lutero y Descartes, sea que coincida y adopte o comparta puntos de vista, o bien que rechace y excluya la explicación.

San Agustín

O soy libre o Dios existe. Esta es la consecuencia que, según San Agustín, obtiene Marco Tulio Cicerón al tratar el tema de la adivinación y la presciencia divina en *De divinatione* y, sobre todo, en *De fato*. En el capítulo IX del quinto libro de *La Ciudad de Dios*, San Agustín intenta desarmar lo que Cicerón presenta como argumento en contra de la presciencia en general, humana o divina:

> [E]s necesario elegir una de estas dos realidades: o que algo dependa de nuestra voluntad, o que exista el conocimiento previo del futuro. Las dos cosas a la vez —opina él— son incompatibles; afirmar una es anular la otra: si elegimos la presciencia del futuro, hemos anulado el libre albedrío de la voluntad; si elegimos el libre albedrío, hemos anulado la presciencia del futuro[2].

El obispo de Hipona es contundente: la conclusión ciceroniana es peligrosa pues nos orilla a pensar que es posible que existan regiones de la realidad o estados de la misma que son y deben permanecer desconocidos para Dios a fin de salvaguardar la libertad humana. Decir que Dios no lo sabe todo es lo mismo que decir que Dios no existe y tal posición debe ser combatida independientemente de la nobleza de la intención que con

---

[2]   Obras completas de San Agustín, Vol. XVI: *La ciudad de Dios* (1ra. Parte), V. Capánaga (intro.), S. Santamarta y M. Fuertes Lanero (trad.), 4ta. Edición, B. A. C., Madrid, 1988, p. 311.

ella se persiga. Por el contrario, dice San Agustín un poco más adelante: «(…) nosotros afirmamos que Dios conoce todas las cosas antes de que sucedan, y que nosotros hacemos voluntariamente aquello que tenemos conciencia y conocimiento de obrar movidos por nuestra voluntad»[3]. La solución agustiniana a este problema es bien conocida. El preconocimiento del orden de las causas no anula la efectividad de nuestra voluntad pues, dentro de este orden, considerada como una causa más entre muchas otras, se encuentran también cada uno de los actos de nuestra voluntad. De hecho, ante la posibilidad de que la inclusión de la voluntad como una más de las causas produzca extrañeza, San Agustín aclara que no tiene nada de raro que los actos de voluntad jueguen el papel de causa. De hecho, a continuación, reduce todas las causas (fortuitas, naturales y voluntarias) a alguna forma de acto de la voluntad, sea de Dios, de los ángeles o de los hombres. En este punto el obispo de Hipona considera haber demostrado que la presciencia divina no es la causa de ninguno de los actos de nuestra voluntad por el mero hecho de conocerlos, incluso, desde la eternidad y que, por tanto, el argumento ciceroniano según el cual la previsión del futuro es incompatible con la libertad humana, es falso. Sin embargo, y tal vez sin desearlo, San Agustín se encuentra a continuación con un problema mucho mayor. Si no es la presciencia divina la causa de los actos de la voluntad, entonces ¿quién lo es? ¿El ser humano? ¿En qué medida? Decir que la voluntad del ser humano es completamente autónoma parece implicar que Dios es innecesario o que el acto de creación cesa en un determinado momento. ¿Lo es entonces Dios? ¿En qué medida? Decir que Dios produce absolutamente los actos de nuestra voluntad parece disolver al ser humano en Dios y nos pone en una posición incluso más problemática que aquella de Cicerón. San Agustín entiende que ninguna de los extremos presentados es aceptable e intenta permanecer en un punto medio, equidistante de los inconvenientes. En primer lugar, explora la posibilidad (y las consecuencias) de establecer causas alternativas al poder de Dios para algunos fenómenos concretos de la realidad: «Del mismo modo que [Dios] es el Creador de toda la naturaleza, es el dispensador de todo poder, *aunque no de toda voluntad*[4]. En efecto, las malas voluntades no provienen de Dios por ser contrarias a la naturaleza, la cual sí proviene de él»[5]. Al menos las

---

[3]   *Ibid.* p. 312.
[4]   Las cursivas son mías.
[5]   *Ibid.* p. 314.

malas voluntades no son producidas directa o completamente por Dios, sino por la imperfección natural humana, lo cual, aunque de entrada no es alentador, al menos es suficiente para identificar al ser humano como un ser distinguible de Dios y, por lo tanto, capaz de acciones propias. Podemos ya identificar la idea agustiniana de que el ser humano usando sus propias fuerzas solamente es capaz del mal (esto es, el libre arbitrio) y que el bien, la verdadera libertad, solamente es realizable en la medida en que el ser humano recibe ayuda divina (esto es, libre arbitrio ayudado por gracia). Inmediatamente después aclara que no por ello se puede pensar que el ser humano puede, en momento alguno, quedar al margen del influjo divino: «Pero todos están sometidos principalmente a la voluntad de Dios, de quien dependen también las voluntades de todos, puesto que no tienen más poderes que los que Él les concede»[6]. San Agustín, desde la perspectiva de la creación afirma, en primer término, que Dios no hace todo (DNHT). Dios no es autor de las malas voluntades, es decir, creador y criatura no se identifican y, por tanto, existen realmente actos que no son producidos por Dios (al menos no completamente). Sin embargo, piadosamente, afirma a continuación que Dios hace todo (DHT) en la medida en que toda voluntad (buena o mala) depende absolutamente (no tienen más poderes que los que Él les concede) de Dios. A pesar de identificar claramente el problema, San Agustín no lo resuelve, y se limita a afirmar sus dos extremos: DHT y DNHT.

Leibniz guardó siempre un profundo respeto por el obispo de Hipona. Probablemente por eso no reparó nunca en el hecho de que la posición agustiniana resultaba contradictoria o, al menos, insuficiente. Por el contrario, cuando hace referencia a él, lo hace para señalar sus coincidencias:

> Pues no sólo después de la pérdida de la inocencia de los hombres el pecado original se ha apoderado del alma, sino que también antes había una limitación o imperfección connatural a todas las criaturas, que las hace susceptibles de pecar o capaces de errar (…). Es a eso a lo que debe reducirse, a mi juicio, la postura de S. Agustín y de otros autores, a saber, que la raíz del mal está en la nada, es decir, en la privación o limitación de las criaturas, a la que Dios pone remedio graciosamente a través del grado de perfección que le place proporcionar[7].

---

[6] *Id.*

[7] Car non seulement après la perte de l'innocence des hommes le péché originel s'est emparé de l'ame; mais encor auparavant il y avoit une limitation ou imperfection

La imperfección o limitación connatural a toda criatura resultará uno de los elementos fundamentales de la explicación leibniziana de la libertad. De hecho, será esta idea, desarrollada en sus propios términos, la que permitirá a Leibniz, a la larga, afirmar que Dios no hace todo (DNHT). Analizaré detenidamente esta idea en otro apartado de este trabajo.

Lutero

Usualmente se considera que la postura de Lutero con respecto a la libertad humana y su relación con la omnipotencia y omnisciencia divinas se desarrolló en respuesta a la posición de Erasmo de Rotterdam y que dichas posturas corresponden, respectivamente, al *De servo arbitrio* y al *De libero arbitrio*. Esta consideración no es del todo incorrecta, pero requiere de algunas precisiones. Es verdad que el conflicto original entre Lutero y Erasmo tenía como tema la cuestión de si, luego del pecado original, la salvación es o no posible en ausencia de la gracia. Erasmo, de forma coherente con su Humanismo, proponía que, al menos algunos de los medios que conducen a la salvación pueden ser elegidos por el libre arbitrio sin ayuda de la gracia. Lutero, en cambio, consideraba que, en ausencia de la gracia, la naturaleza humana solamente es capaz de errar. Desde la perspectiva del problema de la libertad humana y los atributos divinos, tanto Erasmo como Lutero aparecen como partidarios de DNHT, pues puede inferirse que ambos consideran que antes del pecado original los seres humanos éramos capaces de elegir y, por tanto, de producir acciones de las cuales éramos (al menos parcialmente) causa. Es decir, se puede establecer que antes del pecado original Dios no hacía todo, que la diferencia entre creador y criatura operaba claramente. A partir del pecado original, la libertad se ve reducida, parcialmente en el caso de Erasmo y casi por completo en el caso de Lutero, sin embargo, este estado reducido no constituye la forma original de la relación entre creador y criatura ni su forma natural de operar. Ahora bien, y en esto consiste la precisión a la que me referí antes, hay que considerar que

---

originale connaturelle à toutes les creatures, qui les rend peccables ou capables de manquer. (…) c'est à quoy se doit reduire à mon avis le sentiment de S. Augustin et d'autres auteurs, que la racine du mal est dans le neant, c'est à dire dans la privation ou limitation des creatures, à la quelle Dieu remedie gracieusement par le degré de perfection qu'il luy plaist de donner. G. W. Leibniz, 1686, *Discours de metaphysique*, AA VI, 4B, 1577 [OFC 2, 196].

la disputa acerca de si la salvación es o no posible en ausencia de la gracia luego del pecado original, no corresponde a lo expuesto en el *De libero arbitrio* y su respuesta en la forma del *De servo arbitrio*. Esta disputa entre Erasmo y Lutero tuvo lugar entre 1518 y 1520, y el *De libero arbitrio* y el *De servo arbitrio* fueron escritos en 1524 y 1525 respectivamente. La postura de Lutero a la que acabo de referirme no es la postura defendida en el *De servo arbitrio*, sino que corresponde a los escritos anteriores a 1520. Hasta antes de este año, Lutero opinaba que antes del pecado original el ser humano era capaz de ser libre y que la causa de su actual incapacidad para el bien era, precisamente, la caída de la naturaleza humana (DNHT). Sin embargo, hacia 1520[8] Lutero desplaza su posición hasta un punto más radical en el cual lo que se opone a la libertad humana ya no es el pecado original, sino la omnipotencia divina. El proceso por el que Lutero, finalmente, niega de forma absoluta el libre albedrío está directamente relacionado con el enfrentamiento entre algunas tesis fundamentales de dos de sus principales influencias: Ockham y San Agustín. Por un lado, desde joven, Lutero compartió la idea nominalista de la absoluta autodeterminación de la voluntad (tanto humana como divina):

> El único límite de la omnipotencia de Dios es la oposición contradictoria. De *potentia absoluta* Dios puede hacer todo cuanto no incluya contradicción, aunque de *potentia ordinata* no hará de hecho sino lo que él mismo arbitrariamente desde la eternidad decretó hacer, escogiendo un orden determinado. Las leyes morales no se fundan en el ser, en la santidad y perfección de Dios, sino en su voluntad absoluta[9].

Sin embargo, hay algunas otras tesis nominalistas contra las que reaccionará violentamente. Específicamente es el caso del semipelagianismo que tanto Ockham como algunos de sus continuadores (Gerson o Biel, por ejemplo) sostendrán, según el cual el ser humano, aunque es

---

[8]   En *Disputación y defensa de fray Martín Lutero contra las acusaciones del doctor Juan Eck*, de 1519, dice: «(…) Aquel que balbucea que el libre albedrío es dueño de sus actos, tanto de los buenos como de los malos, revela que no sabe lo que es la fe, la contrición o el libre albedrío, o bien se imagina que uno no queda justificado por la sola fe en la Palabra, o que esta fe no puede quedar eliminada por ningún pecado en absoluto». *Martín Lutero. Obras Reunidas I. Escritos de la Reforma*, Pablo Toribio (ed. y trad.), Editorial Trotta S. A., Buenos Aires, 2023.

[9]   GARCÍA-VILLALOSADA, R., *Raíces históricas del luteranismo*, B. A. C., Madrid, 1976, pp. 108-109.

incapaz de obtener por sí mismo la gracia, sí es capaz de prepararse para recibirla y en este sentido puede amar a Dios por sobre todas las cosas usando únicamente sus propias fuerzas. Frente a este craso error, Lutero recurre a San Agustín y asume, primero de forma cauta y paulatina hasta, finalmente, aferrarse vehementemente, la idea de que los seres humanos necesitamos de forma absoluta de la gracia y que, por tanto, nada podemos hacer por nuestras propias fuerzas:

> El agustino Fray Martín llegó a conclusiones tan extremas como la corrupción absoluta de la naturaleza humana por efecto del pecado original, la identificación del pecado original (que no se borra con el bautismo) con la concupiscencia, la imposibilidad de obrar bien, ya que todo cuanto hace el hombre es de suyo es pecado, y, finalmente, la negación del libre albedrío[10].

A partir de ese momento[11] el pecado original pierde poco a poco relevancia en la concepción luterana, pues la causa de la imposibilidad de la libertad es, ahora, una constante, uno de los atributos de Dios, y no es ya un suceso en el tiempo, como sí lo es la caída de la naturaleza humana. La libertad, a ojos de Lutero, ha dejado de ser algo que se tornó imposible para convertirse en algo que siempre lo fue. Con este paso la diferencia o distancia entre Dios y sus criaturas se reduce dramáticamente, a tal grado que podemos afirmar que el Lutero del *De servo arbitrio* ha abandonado DNHT y ha adoptado DHT pues cualquier consideración de causalidad humana es incompatible con la omnipotencia divina, esto es, con la única causalidad efectiva que existe. En el mismo *De servo arbitrio*, Lutero expone 4 argumentos para negar el libre albedrío. Me parece relevante señalar que el pecado original es el tercer

---

[10]   *Ibid.* p.113.

[11]   A pesar de que no es posible señalar el momento exacto en que este proceso inició, sí es posible establecer que no pudo ser anterior a 1517 y que, como se ha señalado, es ya posible encontrar indicaciones de su desarrollo y madurez en 1520. Para los fines de este trabajo es muy importante indicar, como se señalará también un poco más adelante, el hecho de que Leibniz mantuvo durante prácticamente toda su vida a Lutero en gran estima, a pesar de que algunas de sus tesis fundamentales son claramente opuestas. Como ejemplo, las tesis que acabamos de comentar. Leibniz combatió la noción de una voluntad (humana y divina) absoluta. La voluntad siempre es determinada por una razón suficiente y no le es propio determinarse en absoluta soledad o autosuficiencia. Dios no decide arbitrariamente lo que va a crear, sino que se pliega al principio de perfección. Por otro lado, Leibniz defendió siempre una noción de libre arbitrio o libre albedrío a pesar de las grandes dificultades que tuvo que superar para hacerla compatible con la idea de un universo predeterminado desde la eternidad.

argumento y no el primero y fundamental como cabría suponer si fuera este la causa de la anulación de aquél. Esto se debe a que, como dije, se ha abandonado por completo la posibilidad de que en algún momento histórico el ser humano fue capaz de libertad y se ha comprometido completamente con la idea de que algo como un futuro contingente implicaría una afrenta a la omnisciencia, providencia y omnipotencia de Dios. Enuncio a continuación, en forma sintética, los argumentos de Lutero[12]:

> Dios conoce y ordena infaliblemente y de antemano todas las cosas, luego no es posible el libre albedrío.
>
> Cuando el alma humana no es determinada a la acción por la intervención de Dios (gracia), lo es por Satanás, luego, nunca es libre.
>
> El pecado original ha dañando la naturaleza humana completamente, luego, no es capaz más que del error, luego, no es libre.
>
> La posibilidad de que el ser humano se salve por sus propios medios, trivializa la redención obrada por Cristo.

Si consideramos 1,2 y 4, notaremos que el argumento 3, el del pecado original, aparece ahora como fuera de contexto: ¿En qué podría consistir la corrupción de la naturaleza humana, cuando, a partir de los otros tres argumentos la libertad ya era imposible independientemente de si la caída ha sucedido o no? Es este Lutero, el del *De servo arbitrio*, el que Leibniz conoció y al que usualmente se refiere.

Sabemos que Leibniz no veía en la predeterminación un obstáculo para la libertad y, sin embargo, no puede menos que sorprendernos que, en la mayor parte de las referencias que hace, el filósofo de Hannover está prácticamente de acuerdo con Lutero, a pesar de que en reiteradas ocasiones y de forma clara y explícita, el teólogo niega al ser humano la posibilidad de ser libre. Por la forma en la que de él se expresa, se puede inferir que Leibniz creía ver que detrás de una exposición un tanto radical o extrema, se podía encontrar una propuesta verdadera o al menos aceptable, como si solamente hiciera falta una correcta interpretación o una leve corrección en el enfoque:

> Es por esto que, como Loescher el joven ha señalado muy bien en una sabia disertación sobre los paroxismos del decreto absoluto, Lutero, en su libro *De servo arbitrio* deseaba encontrar una palabra más adecuada a lo que quería explicar que la de *necesidad*[13]. Hablando

---

[12] Cfr. LLINARES, Joan, «La "libertad" en el Humanismo renacentista y la Reforma», en Corbi, J. E. y Moya, C. J., *Ensayos sobre libertad y necesidad*, Pre-textos, Valencia 1997, pp. 59-67.

[13] Las cursivas son mías.

en general, parece más racional y conveniente decir que la obediencia a los preceptos de Dios es siempre posible, incluso para los no regenerados; que la gracia de Dios es siempre resistible, incluso para los más santos, y que la libertad está exenta no solamente de la coacción sino también de la necesidad, aunque jamás exista sin la certidumbre infalible, o sin la determinación inclinante[14].

No deja de llamar la atención que, a pesar de que, por ejemplo, el argumento 1 del *De servo arbitrio* en contra de la libertad es similar a algunos que el mismo Leibniz ha rebatido, lo único que le parece digno de corrección sea la insinuación de una necesidad absoluta. En la parte final del texto citado son perfectamente reconocibles los elementos constitutivos del concepto leibniziano maduro de libertad. El texto da la impresión de que, si Lutero hubiera dado con una palabra más adecuada que la de *necesidad*, Leibniz estaría completamente de acuerdo con él. Dejando la sorpresa aparte, habrá que decir que la solución leibniziana al problema de la conciliación entre libertad humana y atributos divinos, efectivamente coincide con la de Lutero en cuanto a la consideración positiva de la predeterminación por parte de Dios, siempre y cuando, como se acaba de apuntar, esto no implique una necesidad absoluta, es decir, siempre y cuando el opuesto de la predeterminación divina de los actos y sucesos actuales no implique contradicción, esto es, que permanezca como posible. Lo que no se entiende muy bien es por qué Leibniz considera que la posición definitiva (luego de 1520) de Lutero es capaz de cumplir con esta condición.

DESCARTES

A partir de la necesidad de dar sustento a la idea de que el conocimiento de la naturaleza puede ser universal y necesario, Descartes establece que Dios, en tanto que causa del universo, es inmutable. De esta forma, Dios en tanto que causa, produce siempre el mismo efecto y la estabilidad de las demostraciones científicas queda asegurada. Sin

---

[14] C'est pourquoy, comme M. Löscher le jeune l'a fort bien remarqué dans une savante disertation sur les Paroxismes du Decret absolu, Luther a souhaité dans son livre du Serf Arbitre, de trouver un mot plus convenable à ce qu'il vouloit exprimer, que celuy de nécessité. Generalment parlant, il paroit plus raisonnable et plus convenable de dire que l'obeissance aux precepts de Dieu est toujours resistible, même dans les plus Saints, et que la liberté est exemt non seulement de la contrainte, mais encor de la necessité, quoyqu'elle ne soit jamais sans la certitude infalible, ou sans la determination inclinante. G. W. Leibniz, 1710, *Essais de Théodicée sur la bonté de Dieu, la liberté de l'homme et l'origine du mal*, GP VI, 283 [OFC 10, 291].

embargo, esta consideración exige inmediatamente de una explicación complementaria pues, a primera vista, la mencionada inmutabilidad aparece como contradictoria con la diversidad de movimientos y formas observables en el universo. Descartes concilia explicando que, efectivamente, en tanto que causa inmutable, Dios mantiene la misma cantidad de materia y movimiento en el conjunto de lo creado, pero que ello no obsta para que, a partir de las leyes establecidas para el funcionamiento del universo por él mismo, se produzcan el cambio y la diversificación. Mediante este doble recurso Descartes, además de garantizar la universalidad del conocimiento científico de la naturaleza mediante la inmutabilidad divina, explica cómo la acción creadora de Dios produce los seres, los movimientos y las acciones del universo, incluidos los actos libres de los seres humanos:

> En suma, a pesar de que Dios, como causa eficiente última, ha dictado los principios que rigen al universo, esto es, las leyes de movimiento, la diversidad y cambio que percibimos en el mundo natural, son el efecto diversificado de estas mismas leyes, que, en cuanto causas inmediatas, explican sus efectos o procesos. Es la forma en que Descartes conjuga libertad y necesidad (…)[15].

La libertad humana, esto es, las acciones libres, se constituyen como uno de los efectos diversificados de las leyes establecidas por Dios (inmutable). De esta forma la efectividad de una decisión implicada en un acto libre tendría una efectividad causal real, aunque limitada en su alcance (ontológico y epistemológico) a lo inmediato. Así, la explicación cartesiana de la libertad implica también la identificación de una cierta distancia o diferencia entre creador y criatura, la cual, en este caso, consiste en la distancia que hay entre Dios y las leyes por él establecidas para el funcionamiento del universo, y los resultados de dichas leyes, los cuales, si bien son o podrían ser previstos, no implican de forma alguna identidad con el creador (DNHT). Vale la pena señalar en este punto que la no identidad entre creador y criatura, no implica para Descartes[16] que lo creado sea absolutamente independiente. Con la intención de ser claro (y justo) habrá que indicar que la posible impresión de un universo que, una vez creado y dotado de leyes es abandonado por el creador a su propio funcionamiento autosuficiente, es inadecuada. El universo depende,

---

[15] BENÍTEZ, Laura, «Determinismo y libertad en la filosofía natural de Descartes», *Estudios*, Vol. XI, no. 107, México, 2013, p. 171.
[16] Ni, como veremos más adelante, para Leibniz.

momento a momento, de la concurrencia divina, de la creación continua. Sin embargo, la creación continua no implica que Dios reinicie el universo desde cero, momento a momento (aunque podría), sino que respeta y mantiene el proceso de diversificación de las leyes de funcionamiento establecidas desde el principio. Leibniz coincidirá con Descartes tanto en la estructura básica que la relación entre creador y criatura debe tener, como en la imperiosa necesidad de conciliar estabilidad y capacidad de diversificación en la explicación total de la creación. Sin embargo, como es bien sabido, el filósofo de Hannover siempre creyó ver en el cartesianismo un defecto igualmente grave como injustificable. A ojos leibnizianos la explicación cartesiana implicaba que Dios actúa sin razón:

> Además, al decir que las cosas no son buenas en consonancia con alguna regla de bondad, sino por la exclusiva voluntad de Dios, se destruye, a mi parecer, todo el amor de Dios y toda su gloria. En efecto, ¿por qué alabarlo por lo que ha hecho, si sería igualmente digno de elogio haciendo lo contrario? ¿Dónde, pues, estaría, su justicia y su sabiduría si lo que queda no es más que cierto poder despótico, si la voluntad ocupa el lugar de la razón y si, a tenor de la definición de tirano, lo que agrada al más poderoso es precisamente por eso justo?[17]

La solución leibniziana se alejará (vehementemente) de este supuesto, e intentará en todo momento señalar que el universo actual es objetivamente el mejor de los mundos posibles, que hay reglas de bondad y perfección en las ideas divinas a partir de las cuales, la naturaleza de cada cosa creada está, asimismo, dotada de bondad y perfección.

LA POSICIÓN LEIBNIZIANA

La solución leibniziana al problema de la libertad, en específico, a la cuestión referente a cómo es posible conciliar la libertad humana y los atributos divinos, tiene su fundamento último en la concepción leibniziana de la creación. Esta solución[18], como he intentado mostrar,

---

[17] Aussi, disant que les choses ne sont bonnes par aucune regle de bonté, mais par la seule volonté de Dieu, on détruit, ce me semble, sans y penser, tout l'amour de Dieu, et toute sa gloire. Car pourquoy le louer de ce qu'il a fait, s'il seroit egalement louable en faisant tout le contraire? Où sera donc sa justice et sa sagesse; s'il ne reste qu'un certain pouvoir despotique, si la volonté tient lieu de raison, et si selon la definition des tyrans, ce qui plaist au plus puissant est juste par là même? G. W. Leibniz, 1686, *Discours de metaphysique*, AA VI, 4B, 1532-1533 [OFC 2, 163].

[18] Acerca de en qué consiste esta solución, adelantaré algunas ideas generales a continuación.

fue construida por Leibniz en diálogo o con referencia a las distintas soluciones que al mismo problema y, más o menos mediante el mismo planteamiento, dieron algunos autores, mismos que constituyen algunas de las influencias fundamentales del pensamiento leibniziano. A partir de este proceso, Leibniz concluye que la solución adecuada al problema debe cumplir con ciertos requisitos, los cuales enumero y expongo brevemente a continuación:

Dios no hace todo (DNHT)

Por supuesto, Leibniz es un partidario de esta postura. La *Monadología*, una de las versiones más acabadas de su pensamiento, consiste precisamente en una explicación de la realidad entendida como un conjunto de un número infinito de seres individuales (mónadas) que se distinguen entre sí, precisamènte, en virtud de su capacidad de actuar. Entre este número infinito de seres individuales existe uno, Dios, que es causa de los demás, pero ello no implica, desde ningún punto de vista, identidad alguna entre la causa y lo causado, entre el creador y la criatura. De hecho, la mínima insinuación de identidad, en los términos que acabo de señalar, haría de la monadología un sistema carente de sentido.

Limitación o imperfección connatural a la criatura

Aunque, como señalé, la idea, de corte platónico, es identificada por Leibniz en San Agustín, es probable que fuera también influido por Duns Escoto. Mediante esta idea Leibniz podrá considerar la existencia de condiciones originales en la criatura, las cuales, en virtud de su originalidad pueden ser entendidas como no totalmente construidas o producidas por Dios. En estas condiciones tendrá su fundamento último la diferencia o distancia entre creador y criatura y, por tanto, resultarán indispensables para la construcción del concepto leibniziano de libertad, el cual consiste en la conjunción de contingencia, espontaneidad e inteligencia. De estos elementos, es la espontaneidad la que se relacionará directamente con el tema de las condiciones originales.

Predeterminación no-necesaria

Como señalé antes, la predeterminación divina no representó nunca un inconveniente para Leibniz y, en cambio, las consecuencias de negarla (negar la omnipotencia y omnisciencia divinas) le parecían contrarias a la razón. De esta forma, el inconveniente que encontraba en sistemas deterministas como el de Spinoza o, como expuse, el de Lutero no consistía en el determinismo en sí, sino en el hecho de que la predeterminación resultara necesaria. La predeterminación de los sucesos por parte de Dios no debe de ser el resultado del único proceso posible, sino que debe ser el resultado de una elección, por parte de Dios, de una opción entre varias que resulten igualmente posibles, aunque no igualmente convenientes. Es este el tema leibniziano de la elección divina del mejor de los mundos posibles a partir del principio de perfección.

Dios elige lo bueno porque es bueno

La tesis contraria, esto es, lo bueno es bueno porque Dios lo elige, fue sostenida tanto por Duns Escoto como por Guillermo de Ockham, y es posible que en algún momento influyera también a Descartes. La intención original de esta consistía en librar completamente a la voluntad divina de cualquier tipo de determinación externa, incluida la determinación de la propia inteligencia divina. Leibniz combatió esta tesis, en lo general, debido a que consideraba que quien no actúa determinándose a sí mismo por medio de su propia inteligencia, actúa imperfectamente; y en lo particular debido a que esta tesis es incompatible con la idea de la posibilidad de condiciones originales en la criatura.

Me parece que la solución que Leibniz desarrolló en cuanto al problema de la libertad y que coordina los requisitos que acabo de exponer, se funda en lo que llamaré independencia de los posibles en la mente de Dios (IPMD), la cual se constituye como una independencia no absoluta pero suficiente para ubicarse, a salvo, en un punto medio entre la negación de los atributos de Dios y la negación de la posibilidad de la libertad en la criatura. La IPMD que propongo consiste en una cierta *invulnerabilidad* del posible con respecto a la voluntad divina (en cuanto a su constitución) y, a pesar de no haber sido acuñada específicamente por Leibniz, estoy convencido que puede considerarse como un concepto leibniziano. Delimitar exactamente este concepto y explicar su función fundamental en la constitución de la libertad humana serán los objetivos de los siguientes apartados de este trabajo.

Capítulo 2
La independencia de los posibles en la mente de Dios

¿POSIBLES INDEPENDIENTES?

El concepto leibniziano de libertad, como establecí en el capítulo 1, se fundamenta en cuatro ideas o requisitos, los cuales aparecen constantemente (explícita o implícitamente) en cada uno de los lugares en los que Leibniz trata sobre este tema. Estos cuatro requisitos son: a) que Dios no hace todo (DNHT), b) que la imperfección o limitación de las criaturas les es connatural, c) que la predeterminación de todos los sucesos es verdadera, pero no es necesaria y d) que Dios elige lo bueno en virtud de que es bueno. Estos requisitos, a su vez, se unen o adquieren unidad a partir de la independencia de los posibles en la mente de Dios (IPMD). Este concepto (que, por otro lado, constituye la idea central tanto de este capítulo como de este trabajo) se hace visible sólo desde la perspectiva de la creación. Es decir, solamente se le puede apreciar claramente cuando enfocamos la libertad humana desde su (problemática) relación con Dios (creador). En un primer momento este método parecerá contraproducente. Si intento explicar la libertad humana desde la perspectiva de la creación, aquélla, inmediatamente, se desdibuja. Si Dios es creador, omnisciente y omnipotente, ¿no equivale ello a decir que la única causalidad posible proviene de Él (tal como, de hecho, concluyó, por ejemplo, Lutero luego del 1520)? Existe una larga tradición filosófica que ve una oposición entre la perfecta previsión divina y la libertad humana. Si Dios sabe todo lo que voy a hacer, entonces no soy libre. Aunque este problema puede ser resuelto argumentando que saber que algo va a suceder no necesariamente equivale a causarlo, en el caso de Dios la solución es pasajera. Inmediatamente nos podemos preguntar ¿quién causa mis acciones? ¿Yo solo? La respuesta se impone. No. Es imposible que yo solo, dada mi condición limitada, cause completamente mis acciones. Por lo tanto, Dios debe participar junto conmigo en la causación de mis acciones. ¿Hasta dónde llega la participación de Dios y hasta dónde la mía? Si consideramos que Dios (creador) es causa de mi existencia y, por tanto, causa de la existencia de mis facultades y, en la medida en que mis facultades producen mis acciones, causa de estas últimas, parece que, en realidad, mi participación en la causación de mis propias acciones es nula y que, por tanto, la libertad humana es una ilusión producida por mi propia ignorancia. Ante este planteamiento, la defensa de la libertad humana impone un camino que, de entrada, se antoja más problemático que el planteamiento mismo: si los seres humanos pueden ser libres entonces debe de haber algo en ellos que no sea absolutamente dependiente de Dios, debe de haber un límite a la acción divina, debe de haber cierta independencia de la criatura con respecto a su creador. La idea de que la posibilidad de la libertad humana radica en un aspecto que de algún modo es independiente de Dios constituye, como trataré de mostrar, la idea eje en torno a la cual Leibniz encaró y produjo lo que a sus ojos es una solución satisfactoria al problema de la libertad; esto es, a la cuestión de cómo es compatible la existencia de la libertad humana con la existencia de Dios y sus atributos.

Con el fin de ubicar este aspecto independiente de la criatura (y arriesgándome a resultar superficial) expondré de forma breve y sintética la teoría leibniziana sobre la creación. Bien ¿qué es la creación? Esta consiste en el traslado de las esencias o posibilidades o posibles, desde la mente divina hasta la existencia actual. ¿Dios traslada todas las esencias o posibles a la existencia? O formulado de otra forma ¿existe todo lo que es posible? La respuesta es no. Leibniz está convencido de que hay una gran cantidad de posibles que no son ni han sido ni serán existentes. Esta afirmación adquiere mayor sentido si consideramos que posible es aquello que puede ser pensado sin contradicción[1]. Por ejemplo, que César no cruzara el Rubicón o que Pedro no negara tres veces a su maestro, resultan perfectamente posibles pues no implican contradicción alguna y ni existen ni existieron ni existirán. En cambio, que la suma de los ángulos interiores de un triángulo sea diferente a 180 o que un ser humano esté vivo y muerto al mismo tiempo o que sea humano y antílope son casos que resultan imposibles en virtud de que

---

[1]   En qué consiste exactamente que algo implique contradicción, será tratado más adelante. Por lo pronto usaré el concepto para avanzar en la exposición.

implican contradicción. Así, las cosas, los hechos que no han sucedido ni sucederán, pero que pueden pensarse sin contradicción, permanecerán como posibles aun cuando jamás serán llevados a la existencia. Si lo posible no es equivalente a lo existente, entonces ¿cuáles posibles llegan a la existencia? ¿Cómo selecciona Dios a los posibles que serán trasladados? La respuesta a esta pregunta radica, según Leibniz, en la voluntad divina, la cual, por serlo, quiere elegir lo más perfecto. Así, los posibles más perfectos, los mejores, serán llevados a la existencia[2]. Un problema evidente. ¿Y qué es más perfecto? ¿Cuál es el criterio divino que distingue a los posibles más perfectos de los que no lo son? La solución a estas cuestiones se encuentra en la idea del mejor de los mundos posibles. En primer lugar, Leibniz considera que cada posible exige (o tiende hacia) la existencia con una fuerza igual. Es decir, que considerados por separado no hay ninguna diferencia entre ellos, en tanto que todos, independientemente de su contenido, son posibles pues no implican contradicción. Por tanto, considerados por separado es imposible establecer jerarquía alguna. De esta forma, el único criterio (adecuado, por otro lado) mediante el que se puede establecer una diferencia y, por lo tanto, una jerarquía entre los posibles radica en la composibilidad, esto es, en la capacidad (dado su contenido) de ser compatible (no contradictorio) con la existencia de otro, o más bien, otros posibles. A partir de la composibilidad Dios no contempla a los posibles individualmente sino en forma de grupos de posibles composibles: mundos posibles. De las infinitas configuraciones o mundos posibles considerados Dios puede, ahora sí, discriminar entre aquellos que, por la combinación de sus contenidos producen (en palabras de Leibniz) una mayor cantidad de esencia, y aquellos que no lo hacen, hasta dar con el mejor[3]. Una vez reducido el infinito a una sola opción (la mejor), la

---

[2]   Qué quiere decir *llevar* o *trasladar* a la existencia o bien, qué *añade* la existencia a los posibles son cuestiones ciertamente problemáticas que quedan fuera del objetivo de este trabajo. Para una exposición de la evolución de la idea de existencia en Leibniz véase: HERRERA, A., «Existencia, propiedad, cualidad, accidente y atributo en Leibniz», Revista de Filosofía, no. 57, 1986, pp. 421-440.

[3]   Es muy importante, para los fines de este trabajo, señalar que cuando digo que Dios considera un mundo posible ello implica que ha considerado cada una de las cualidades, cada una de las relaciones y cada uno de los efectos de cada uno de los posibles composibles que componen cada uno de los mundos. Es decir, cada uno de los mundos considerados está, por el hecho de haber sido considerado a partir de su composibilidad, perfectamente determinado.

voluntad divina puede actuar tal como le corresponde y elegir lo más perfecto: el mejor de los mundos posibles es trasladado a la existencia y todos los demás mundos posibles permanecerán posibles por siempre. En esta elección Dios es, según Leibniz, plenamente libre lo cual, para fines de este trabajo, es importante pues da lugar a dos consecuencias: en primer lugar, para Leibniz la libertad humana es simétrica a la libertad divina. Por supuesto no son iguales, pero la diferencia entre ambas es de grado y no de naturaleza. En términos generales ser libre significa lo mismo, o mejor, implica el cumplimiento de los mismos requisitos para Dios y para la criatura racional y si Dios no puede ser libre entonces la criatura racional tampoco. En segundo lugar, implica que, en tanto que actúa libremente, Dios es digno de alabanza, esto es, que es plenamente responsable de sus actos. Sobre la plena libertad de Dios creador y sus consecuencias existe polémica. En *Can God be free?*[4], William Rowe plantea una objeción al razonamiento de Leibniz al respecto de la libertad de Dios: «(…) que este no puede evitar concluir que Dios no es suficientemente libre al crear y que, por tanto, no es digno de gratitud o alabanza moral por haber creado lo mejor»[5]. Dicha objeción tiene como principal argumento que, dado que Dios es perfecto (esto es, máximamente sabio y bueno) solamente puede elegir lo mejor y, por tanto, al crear no elige libremente sino que es absolutamente necesario que ponga en la existencia al mejor de los mundos posibles: «Y cuando se observa, como hemos hecho, que el ser perfecto es absolutamente necesario en Dios, las reglas lógicas dictan la conclusión de que su elección de lo mejor es en sí misma absolutamente necesaria. Siendo así, podemos concluir que la elección de Dios de crear lo mejor no es libre; es absolutamente necesaria»[6]. Para alcanzar esta conclusión Rowe hace dos suposiciones que son, me parece, equivocadas desde el contexto del pensamiento de Leibniz. En primer lugar asume que libre quiere decir libre de hacer el bien y el mal: «Y si Dios no pudo haber hecho

---

[4]   Rowe, William L., *Can God Be Free?*, Oxford University Press, New York, 2004, pp. 4-22.

[5]   (…) a central objection to it: that it cannot avoid the conclusion that God is not sufficiently free in creating, and is therefore not a fit subject of gratitude or moral praise for creating the best. *Ibid*. p. 4.

[6]   And when we then note, as we have, that God's being perfect is absolutely necessary, the logical rules dictates the conclusion that his choice of the best is itself absolutely necessary. This being so, we can conclude that God's choice to create the best is not free; it is absolutely necessary. *Ibid*. p. 19

otra cosa que crear el mejor mundo, o bien no es libre en absoluto con respecto a la creación o su libertad es de un tipo totalmente diferente de la libertad de hacer el bien o el mal que nos atribuimos a nosotros mismos»[7]. Tal como veremos con detalle más adelante, para Leibniz la capacidad de hacer indistintamente el bien o el mal no debe ser llamada libertad. Primero, porque es imposible pues implicaría que el principio de razón suficiente aplicaría en lo creado de forma intermitente, es decir, que algunos hechos tendrían una razón y otros no[8]. Segundo, porque la libertad es una perfección que atribuímos a Dios y dado que el mal no es otra cosa que ausencia de bien, la capacidad para actuar de forma deficiente no puede, por supuesto, ser considerada una perfección. En segundo lugar, y mucho más importante, asume que la distinción entre necesidad absoluta y necesidad hipotética o moral es poco más que un recurso de Leibniz para paliar la conclusión de que la creación es un acto absolutamente necesario:

> Lo que Leibniz dice sobre la necesidad moral implica que (1) es en sí misma *absolutamente necesaria*. Porque él claramente sostiene que del hecho de que un ser hace menos bien de lo que podría, se *deduce lógicamente* que el ser en cuestión carece de sabiduría o bondad. Y no se puede sostener esto sin comprometerse a sostener que la consecuencia de (1) [elige crear el mejor de todos los mundos posibles] se desprende lógicamente del antecedente de (1) [Dios existe y es omnipotente, perfectamente sabio y bueno]. Es decir, Leibniz se compromete a sostener que (1) es una *necesidad hipotética*. Una proposición *si-entonces* implica una necesidad hipotética siempre que la consecuencia lógica se desprenda del antecedente[9].

---

[7]   And if God couldn't have done other than create the best world, either he is not free at all with respect to creation or his freedom is of a different sort altogether from the freedom to do good or bad that we ascribe to ourselves. *Ibid.* p. 3.

[8]   De hecho, una de las ventajas que Rowe encuentra en la posición de Clarke en comparación con la de Leibniz es, precisamente, la aplicación no absoluta del PRS.

[9]   What Leibniz says about moral necessity implies that (1) is itself *absolutely necessary*. For he clearly holds that from the fact that a being does less good than it could it *logically follows* that the being in question is lacking in wisdom or goodness. And one cannot hold this without being committed to holding that the consequent of (1) [he chooses to create the best of all possible worlds] *logically follows from* the antecedent of (1) [God exists and is omnipotent, perfectly wise and good]. That is, Leibniz is committed to holding that (1) is a *hypothetical necessity*. An if-then proposition is a hypothetical necessity provided the consequent logically follows from the antecedent. *Ibid.* pp. 17-18.

Sobre esta segunda asunción de Rowe haré dos cosas. En primer lugar, mostraré que la distinción entre necesidad absoluta y necesidad moral o hipotética no es una salida a modo que permite a Leibniz no tener que declarar explícitamente la necesidad absoluta de la creación. En segundo lugar, expondré lo que creo que es la solución, en término leibnizianos, al problema que Rowe plantea. La distinción entre necesidad absoluta o matemática o física y la necesidad moral o hipotética está presente, al menos, desde 1671-72 y es utilizada una y otra vez precisamente para combatir las explicaciones necesitaristas (desde ojos leibnizianos) de, por ejemplo, Hobbes, Descartes y Spinoza e incluso para defenderse de las acusaciones que pretenden que Leibniz simpatiza con esta posición debido a su afirmación de que todo está determinado:

> Pues si alguien entendiese otra necesidad o imposibilidad (esto es, una necesidad meramente moral, o meramente hipotética, lo que luego se explicará), entonces es manifiesto que se le negaría la mayor de la objeción misma [Si es siempre imposible no pecar, entonces es siempre injusto castigar]. (…) La necesidad, contraria a la moralidad, que ha de evitarse, y que haría que el castigo fuera injusto, es una necesidad insuperable, que convertiría en inútil toda oposición, aunque se quisiera de todo corazón evitar la acción necesaria, y aun cuando se hicieran todos los esfuerzos posibles para ello[10].

---

[10]   Car si quelcun entendoit une autre nécessité ou impossibilité (c'est à dire une nécessité qui ne fût que morale, ou qui ne fût qu'hypothetique qu'on expliquera tantôt), il est manifeste qu'on luy nieroit la majeure de l'objection même. On se pourroit contenter de cette reponse, et demander la preuve de la proposition niée; mais on a bien voulu encor rendre raison de ce procedé dans l'ouvrage present, pour mieux eclaircir la chose, et pour donner plus de jour à toute cette matiere, en expliquant la necessité qui doit être rejetée, et la determination qui doit avoir lieu. C'est que la Necessité, contraire à la moralité, qui doit être evitée, et qui feroit que le chatiment seroit injuste, est une necessité insurmontable, qui rendroit toute opposition inutile, quand même on voudroit de tout son coeur eviter l'action necessaire, et quand on feroit tous les efforts possibles pour cela. G. W. Leibniz, 1710, *Abrégé de la controverse, réduite á des arguments en forme* GP VI, 380 [Rovira, 19] [OFC 10, 387]. El *Compendio de la Controversia Reducida a Argumentos en Forma* fue escrito por Leibniz en respuesta a la solicitud de algunos que conocieron la *Teodicea* antes de su publicación y, dada la extensión de la obra y la dificultad de su tema, requirieron a su autor una exposición resumida de sus ideas principales que pudiera servir de guía para su lectura. De esta forma, el *Compendio* fue publicado junto con la *Teodicea* en 1710 como el primero de sus apéndices y, al igual que esta última, contiene lo que seguramente Leibniz consideró una de las versiones más acabadas de su pensamiento.

En este texto de 1710 puede claramente verse que Leibniz utiliza la necesidad hipotética o moral precisamente para lo contrario de lo que Rowe pretende, esto es, para explicar cómo es que las elecciones no están necesitadas absolutamente y que, por tanto, quienes eligen (Dios o las criaturas racionales) son, en consecuencia, responsables. Volveré ahora específicamente a la elección divina del mejor de los mundos posibles y lo plantearé de este modo: esta elección sería absolutamente necesaria si, en estricto sentido, el mejor de los mundos posibles fuera, considerado en sí mismo, el único mundo posible. Lo que Rowe, me parece, no considera es que Leibniz establece claramente que, considerados en sí mismos, cada posible y cada mundo posible (conjunto de posibles composibles entre sí) exige existir con la misma fuerza que los demás. Esto es, que considerados en sí mismos no son contradictorios con la existencia. Un mundo regular o el peor de los mundos posibles son, de hecho, posibles considerados en sí mismos. Todos los mundos posibles, con excepción del mejor, son solamente contradictorios con la existencia si suponemos (hypothesis) a un creador que se exige a sí mismo trasladar a la existencia al mejor (o, más bien, al menos malo). Es así que la creación es contingente pues los restantes mundos posibles sí son posibles y por ello la necesidad que corresponde al acto creador es llamada hipotética.

Una vez establecido, de forma general, en qué consiste la creación podemos preguntarnos en qué parte de este proceso podemos encontrar el aspecto independiente de la criatura que buscamos. Si tratamos de dar con dicho aspecto en cualquier momento posterior a la elección divina, fracasaremos pues luego de dicha elección todo lo trasladado a la existencia, en cuanto existente, depende absolutamente de la voluntad divina, a tal grado que, si esta se retirara tan sólo por un instante, no quedaría nada de lo creado. Por lo tanto y aunque resulte paradójico, habrá que buscar el aspecto independiente de la criatura en un momento previo al traslado de la existencia[11]. ¿Hay algo de la criatura previo al traslado a

---

[11] Los términos *previo* o *anterior* o cualquiera que implique anterioridad temporal pueden resultar problemáticos en este momento. Por supuesto, no se pretende que la creación suceda en el tiempo (pues aquella da lugar a éste), sin embargo, se utilizarán así para avanzar en la exposición. Más adelante se aclarará este punto de modo específico. Por otro lado, el mismo Leibniz utiliza este tipo de terminología impropia cuando explica la creación: «Y según el sistema de la armonía preestablecida, el alma encuentra en sí misma y en su naturaleza ideal anterior a la existencia, las razones de sus determinaciones acomodadas a todo lo que le rodeará. Por ello estaba determinada desde toda

la existencia? Leibniz responde afirmativamente. Antes de la creación, además de Dios, están los posibles. Los infinitos posibles o esencias, incluso antes de ser considerados en conjunto como mundos posibles, son reales y estén completos en sí mismos y aunque evidentemente dependen del entendimiento divino, que es su ubicación metafísica, son independientes de este para ser-como-son. Dios es (plenamente) activo con respecto a la existencia de lo creado, sin embargo, es pasivo con respecto a su esencia: el contenido de los posibles y, por tanto, su composibilidad y las múltiples configuraciones que de ella dependen, no provienen de un acto de creatividad del entendimiento divino, sino de una perfecta consideración de lo que las cosas en sí mismas son. Cada posible individual necesita del entendimiento divino para residir en él, sin embargo, el posible es independiente en cuanto a su contenido, a su configuración. A este aspecto independiente del posible, que será también aspecto de la criatura llevada a la existencia, es específicamente a lo que llamaré independencia del posible en la mente de Dios (IPMD) y es, como trataré de probar más adelante, fundamental para entender la solución leibniziana al problema de la libertad.

Una vez determinado, de modo general, el concepto de IPMD, me propongo mostrar que este, efectivamente, se encuentra presente en la obra de Leibniz, al menos, desde 1671. Para alcanzar este fin realizaré una revisión histórica, principalmente, de las obras de corte metafísico, la cual estará dividida en dos secciones: 1671-1686 y 1686-1716, es decir, antes y después del *Discurso de Metafísica* (1686). Esta división, como podrá suponerse, no es arbitraria. 1671-1686 es, en la vida de Leibniz, un período de construcción en varios aspectos. Visita París, Londres y La Haya. Establece contacto con Arnauld, Huygens, Malebranche, Newton y, por supuesto, Spinoza. Inventa el cálculo infinitesimal y descubre el principio de conservación de la fuerza viva. Logra, por fin, poner residencia fija en Hannover. 1686-1716 es un período de mayor estabilidad. Las responsabilidades para con sus protectores y sus relaciones con las distintas academias europeas ocupan gran parte de su tiempo. Sin embargo, es también el período de las grandes obras que se

---

la eternidad, en su estado de pura posibilidad, a obrar libremente, tal y como hará en el tiempo, cuando llegue a la existencia.» *Ensayos de Teodicea* 323, OFC 10, 315 (GP VI, 308). Se puede encontrar una muy completa exposición de la explicación leibniziana de la creación en general en *El origen radical de las cosas. Metafísica leibniciana de la creación* de Ortiz Ibarz, J.M. En cuanto al punto concreto que aquí se trata Cfr. Capítulo III: Libertad de la acción creadora y contingencia de lo creado, p. 245 y ss.

perfilan como síntesis de su pensamiento: *Discurso de Metafísica, Nuevos Ensayos sobre el Entendimiento Humano, Principios de la Naturaleza y la Gracia* y finalmente, *Monadología* y *Teodicea*. De esta forma, la revisión histórica será también revisión conceptual pues intentaré dar cuenta de las modificaciones que el concepto de IPMD (o sus partes) sufrió, así como de los distintos usos y aplicaciones que Leibniz le dio.

1671-1686

En 1671 Leibniz contaba con 25 años de edad. A pesar de su juventud, algunas de las intuiciones fundamentales que lo acompañarán el resto de su vida ya están presentes. En un boceto de carta a Magnus Wedderkopf de mayo de dicho año, podemos ver a Leibniz intentando explicar el origen del universo en términos del principio de razón suficiente:

> Es necesario, pues, que todo se resuelva en alguna razón, y no se puede parar hasta llegar a la primera razón, o habrá que admitirse que algo puede existir sin razón suficiente de existir, admitido lo cual, perece la demostración de la existencia de Dios y de muchos teoremas filosóficos. ¿Cuál es entonces, la última razón de la voluntad divina? El intelecto divino. Dios, en efecto, quiere lo que comprende que es tanto lo mejor como lo más armónico y lo quiere escoger de entre el número infinito de todos los posibles. Entonces ¿cuál es la última razón del intelecto divino? La armonía de las cosas. ¿Y de la armonía de las cosas? Nada. Por ejemplo, que haya la misma proporción entre 2 y 4 que entre 4 y 8, de eso no se puede dar ninguna razón, ni siquiera por la voluntad divina. Esto depende de la misma esencia o idea de las cosas. Pues las esencias de las cosas son como los números, y contienen la misma posibilidad de los entes, que Dios no produce, sino que lo que produce es la existencia: especialmente porque estas mismas posibilidades o ideas de las cosas coinciden con Dios mismo[12].

---

[12] Omnia enim necesse est resolvi in rationem aliquam, nec subsisti potest, donec perveniatur ad primam, aut admittendum est, posse aliquid existere sine sufficiente ratione existendi, quo admisso, periit demonstratio existentiae Dei multorumque theorematum Philosophicorum. Quae ergo ultima ratio voluntatis divinae? Intellectus divinus. Deus enim vult quae optima item harmonicotата intelligit eaque velut seligit ex numero omnium possibilium infinito. Quae ergo intellectus divini? harmonia rerum. Quae harmoniae rerum? nihil. Per exemplum quod ea ratio est 2 ad 4 quae 4 ad 8, ejus reddi ratio nulla potest, ne ex voluntate quidem divina. Pendet hoc ex ipsa Essentia seu Idea rerum. Essentiae enim rerum sunt sicut numeri, continentque ipsam Entium possibilitatem quam Deus non facit, sed existentiam: cum potius illae ipsae possibilitates seu Ideae rerum coincidant cum ipso Deo. G. W. Leibniz, mayo 1671, *Leibniz an Magnus Wedderkopf*, AA II, 1, 186 [OFC 2, 20].

No constituye novedad alguna que Leibniz nos indique que el PRS debe alcanzarlo todo so pena de, por ejemplo, perder la demostración de la existencia de Dios. Sin embargo, al aplicarlo, no a cualquier sección de la serie de las cosas, sino a la creación misma, sucede algo, que a primera vista parece extraño. La causa de la existencia de las cosas es una elección de la voluntad divina, sin embargo, esta no es una instancia última y tendrá que tener una razón suficiente. La voluntad divina elige el mejor de los mundos posibles, pero es el entendimiento divino el que conoce cuál es esta óptima configuración. La razón última de la voluntad divina es el entendimiento divino, el cual debe ser susceptible del mismo cuestionamiento ¿cuál es su razón última? Leibniz responde: la armonía de las cosas, es decir, la composibilidad de los posibles (fundada a su vez en sus contenidos) la cual permite al entendimiento divino tanto percibir la armonía como jerarquizar con base en ella. Lo extraño aparece a continuación, cuando al aplicar el mismo criterio a la armonía misma, la respuesta es nada. Este pasaje, en que Leibniz parece o bien contradecirse o, peor, arrepentirse, resulta de gran importancia por dos motivos: En primer lugar, ya que nos permite observar cómo Leibniz, lejos de arrepentirse, intuye que no es que la armonía de las cosas no tenga una razón, sino que la armonía de las cosas, por constituir el límite superior de la realidad, requiere de una explicación que no puede ser establecida en términos del PRS. Esta explicación es, sin duda, el principio de no-contradicción (PNC), sin embargo, en este texto no está establecido aún de forma clara. Leibniz hace referencia a él o, más bien, a su función utilizando términos como la idealidad u optimidad de las cosas, las cuales tienen la característica de no establecerse en relación con otro parámetro (proceso afín al PRS), sino de hacerlo en sí mismas. En segundo término, el pasaje es específicamente importante para esta investigación debido a que, como podrá notarse, alude directamente a la IPMD al establecer que la armonía no depende ni de la voluntad ni del entendimiento divino (al menos no en cuanto a su contenido), sino de la esencia misma de la cosa, la cual se constituye como tal en virtud del PNC. Con esto último me adelanto a lo que Leibniz concluirá en obras posteriores. Sin embargo, me parece que mencionarlo en este momento resultará de utilidad más adelante. El PNC constituye, para Leibniz, el fundamento último de la realidad al cual están sometidas todas las cosas, todo lo que es, incluso Dios. Estoy consciente de que la afirmación es fuerte. La idea aparecerá de forma reiterada a lo largo de este trabajo. Por lo pronto solamente diré que, aunque polémica, esta idea permite a Leibniz construir su concepto de libertad en general, es decir, no sólo humana sino también el concepto de libertad divina.

Ya instalado en París, Leibniz intenta (entre 1672 y 1673) una primera exposición completa de su defensa de la justicia divina. *La profesión de fe del filósofo*, como buena teodicea, intenta lidiar con los problemas que el mal, la condenación, el carácter eterno de esta última y, por supuesto, la libertad, constituyen para Dios y sus atributos. La obra está construida en forma de diálogo y este se desarrolla entre el teólogo catequista y el filósofo catecúmeno. Casi al inicio y con la intención de dar entrada a una amplia variedad de problemas, el primero pide al segundo que demuestre que Dios ama a todos. La objeción principal que el catecúmeno tiene que enfrentar consiste en la condenación pues, si Dios ama a todos los seres humanos ¿cómo es posible que permita (o ayude o cause) que algunos se condenen?:

> Pues cuando dicen que Dios ama sólo a los elegidos, indican suficientemente que ha amado a unos más que a otros (pues esto es elegir) y, por tanto, como no todos podían ser salvados (por la armonía universal de las cosas, que destaca la pintura mediante sombras y las consonancias mediante disonancias) , algunos, menos amados, no ciertamente porque Dios lo quiera (pues tampoco quiere la muerte del pecador), sino porque Dios lo permite cuando así lo exige la naturaleza de las cosas, han sido rechazados[13].

Leibniz introduce como límite o regla del amor de Dios, la exigencia de la naturaleza de las cosas. Aparece nuevamente una referencia a una instancia superior a Dios, en el sentido de que se encuentra fuera del alcance de su voluntad, es decir, que produce sus efectos de forma independiente. Esta misma idea aparece un poco más adelante, pero esta vez Leibniz utiliza ejemplos de matemáticas para establecer la anterioridad o independencia de la naturaleza de las cosas con respecto a la voluntad divina:

> Por consiguiente, estos teoremas deben ser atribuidos a las naturalezas de las cosas, es decir, a las ideas del número nueve o del cuadrado y al intelecto divino en el que subsisten las ideas de las

---

[13]   Cum enim deum electos tantum amare ajunt, satis innuunt, alios prae aliis amasse (hoc enim est eligere) ac proinde cum non possent, (per harmoniam rerum universalem, picturam umbris, consonantiam dissonantiis distinguentem) salvari omnes; aliquos, minus amatos, non quidem volente, attamen cum ita rerum natura ferat, permittente Deo (neque enim Deus vult mortem peccatoris) fuisse rejectos. G. W. Leibniz, 1673, *Confessio Philosophi*, AA VI, 3, 117 [OFC 2, 26].

cosas desde la eternidad. Es decir, que Dios no ha hecho estas cosas queriéndolas, sino entendiéndolas, y las entendió existiendo. Pues si Dios no existiera, todas las cosas serían absolutamente imposibles, y el número nueve y el cuadrado correrían la misma suerte. Por tanto, ves que hay cosas de las cuales Dios no es causa por su voluntad, sino por su existencia[14].

La idea que funda esta serie de argumentos, tal como Leibniz mismo indica en una de las notas, consiste en que para que Dios sea libre es necesario que escoja lo mejor y por ello, a su vez, es necesario que lo mejor no pueda ser configurado por la propia voluntad divina, pues si así lo fuera, Dios no podría elegir lo mejor, sino que Dios construiría lo que construye y ello, dado que fue hecho por Dios, resultaría lo mejor en virtud no de sus propias cualidades, sino del hecho de existir:

Afirmo, por tanto, que el porqué Dios quiere las cosas no tiene su causa en la voluntad (pues nadie quiere porque quiere, sino porque estima que la cosa lo merece), sino en la naturaleza de las cosas mismas, a saber, la que está contenida en sus mismas ideas, es decir, en la esencia de Dios[15].

La voluntad de Dios tiene que ser pasiva con respecto a la naturaleza misma de las cosas. En otras palabras, la voluntad divina es pasiva con respecto al contenido de los posibles o esencias, las cuales, en este sentido, pueden ser llamadas independientes. Al no tener participación en la configuración de los posibles o esencias, la aplicación concreta de la potencia de la voluntad divina se limita a, como dije antes, trasladar a la existencia el mejor de los mundos posibles, el cual se configura como tal a partir de su máxima composibilidad, causada esta, a su vez, por el contenido de los posibles. Me parece que este grupo de argumentos darán origen a la consideración de los distintos mundos posibles como individuos que exigen la existencia. El traslado a la existencia seguirá

---

[14]   Ergo naturae rerum, ideae scilicet novenarii, vel quadrati, et in quo subsistunt ideae rerum ab aeterno, intellectui divino, haec theoremata tribuenda sunt. Id est Deus haec non volendo fecit, sed intelligendo, intellexit existendo. Nam si nullus esset Deus, omnia essent simpliciter impossibilia, novenariusque et quadratum fortunam communem sequerentur. Vides ergo, esse, quorum Deus non voluntate sed existentia sua causa sit. G. W. Leibniz, 1673, *Confessio Philosophi*, AA VI, 3, 122 [OFC 2, 32].

[15]   Ajo igitur cur Deus res velit, non Voluntatem eius in causa esse (nemo enim vult, quia vult, sed quia rem mereri putat) sed ipsarum rerum naturam, quae scilicet in ipsis earum ideis, id est essentia DEI continetur. G. W. Leibniz, 1673, *Confessio Philosophi*, AA VI, 3, 124 [OFC 2, 35].

siendo, por supuesto, una acción primordialmente de Dios, sin embargo, poco a poco se afirma la idea de que en dicha acción hay algo que no es absolutamente puesto por Él:

> Mi principio, pues, es que cualquier cosa que puede existir, y sea compatible con otras, existe. Porque la razón para que algo exista de entre todos los posibles no debe limitarse por ninguna otra razón que no sea el hecho de que no todos son compatibles. Por tanto, no hay ninguna otra razón para determinarlo más que el hecho de que existan las cosas mejores, las que encierran mayor realidad[16].

En este fragmento de *Mi principio es que cualquier cosa que pueda existir, y es compatible con otras, existe* (de 1676), podemos ver esta misma idea expresada en forma tan intensa que, descontextualizándola, podríamos afirmar que la composibilidad-perfección es el único y autónomo criterio de la existencia. Obviamente no es así. El traslado a la existencia sigue siendo una acción divina, pero la independencia de los posibles es destacada a tal grado que se podría concluir que, con respecto a la perfección contenida en el mejor de los mundos posibles, Dios está obligado a elegirlo. Y, de hecho, Leibniz concluye precisamente esto, aunque el hecho de que la voluntad divina esté determinada a elegir lo mejor no le parece un problema o defecto sino todo lo contrario.

Hacia 1680 Leibniz, ya establecido de forma definitiva en Hannover, escribe *Acerca de la libertad y la necesidad*. Esta obra es importante para los fines de este trabajo por dos razones. En primer lugar, debido a que en ella podemos encontrar una postura prácticamente definida con respecto a la voluntad divina determinada a la elección de lo mejor. A partir de aquí se resuelve también la cuestión de si esta determinación de la voluntad divina produce necesidad en lo creado. En segundo lugar y directamente relacionado con la IPMD, porque en ella se puede observar la relación entre el PNC y el contenido de los posibles, relación que mencioné un poco antes:

> Dios hace lo mejor no de modo necesario, sino porque quiere. Pero si alguno me preguntara si Dios quiere necesariamente, le pediré que para explicar la necesidad añada su opuesto, es decir, que formule la cuestión de modo completo: por ejemplo, si Dios quiere necesaria o

---

[16] Principium autem meum est, quicquid existere potest, et aliis compatibile est, id existere. quia ratio existendi prae omnibus possibilibus non alia ratione limitari debet, quam quod non omnia compatibilia. Itaque nulla alia ratio determinandi, quam ut existant potiora, quae plurimum involvant realitatis. G. W. Leibniz, 1676, *Principium meum est, quicquid existere potest, et aliis compatibile est, id existere*, AA VI, 3, 582 [OFC 2, 102]

libremente, es decir, si quiere por su naturaleza o por su voluntad. Respondo, en todo caso, que Dios no puede querer voluntariamente, porque de otro modo se daría una voluntad de querer al infinito. Más bien debe decirse que Dios quiere lo mejor en virtud de su propia naturaleza[17].

¿La voluntad divina está determinada a elegir lo mejor? La respuesta es sí. Frente a la disyuntiva, Leibniz afirmará que Dios quiere necesariamente. ¿Cuál es la razón o, incluso, la ventaja de esta postura? La respuesta provendrá del análisis de la postura contraria. Si Dios eligiese hacer lo mejor desde su voluntad y no desde su naturaleza[18], entonces habría que preguntarse por la razón de que haya elegido lo mejor y la única determinación que arrojaría este resultado sería porque ha elegido elegir lo mejor, y si continuáramos buscando la razón de esta elección regresaríamos hasta el infinito. De esta forma, la ventaja de la postura de Leibniz no sólo radica en que, como argumentará en otros lugares, un ser determinado es más perfecto que uno que no lo es, sino, principalmente, en que esta, a diferencia de su opuesto, sí versa sobre algo posible. Ahora bien, ¿la necesidad de la elección divina transfiere necesidad a lo elegido? La respuesta es no:

> Pero dirás que de aquí se sigue que las cosas existen necesariamente. ¿Por qué habría de ser así? ¿Porque implica una contradicción que no exista lo que Dios quiere que exista? Niego que esta proposición sea absolutamente verdadera. En caso contrario, las cosas que Dios no quiere no serían posibles. Cuando, en efecto, continúan siendo posibles, aunque no sean elegidas por Dios. Ciertamente es posible que exista también aquello que Dios no quiere que exista, porque por su propia naturaleza podría existir, si Dios quisiera que eso existiese. Pero dirás que Dios no puede querer que exista. Lo admito. Pero sigue siendo posible por su propia naturaleza, aunque no sea posible con respecto a la voluntad divina[19].

---

[17]   Deus facit optima non necessario, sed quia vult. Si quis vero a me quaerat an Deus necessario velit, postulo explicari necessitatem adjecto opposito seu quaestionem plene formari, v.g. utrum Deus necessario velit, an libere; seu ob suam naturam, vel ob suam voluntatem. Respondeo utique Deum non posse velle voluntarie alioqui daretur voluntas volendi in infinitum. Sed dicendum est Deum velle optimum per suam naturam. G. W. Leibniz, 1680, *De libertate et necessitate*, AA VI, 4B, 1447 [OFC 2, 130].

[18]   Es decir, no a partir del hecho de que es Dios y, por tanto, su esencia implica elegir lo mejor.

[19]   At vero inde sequitur res necessario existere. Quid ita? quia implicat contradictionem non existere quod Deus vult existere? Nego hanc propositionem absolute veram esse. Alioqui ea quae Deus non vult non essent possibilia. Manent enim possibilia, etsi a Deo non eligantur. Possibile est quidem existere, etiam illud quod Deus non vult existere, quia posset existere sua natura, si Deus id existere vellet. At Deus non potest

En primera instancia nos encontramos con una de las formulaciones de la contingencia. En cuanto a este tema, Leibniz se opone a una larga y potente tradición filosófica que incluye a Ockham, a Hobbes y, por supuesto, a Descartes. La cuestión puede plantearse así: ¿Existe todo lo posible? Los ilustres filósofos que he mencionado responden afirmativamente a esta pregunta, teniendo después que o bien explicar o bien asumir o bien lidiar con un universo necesario. Para Leibniz resulta claro que hay posibles que nunca han sido ni serán y que ello no les resta nada de su carácter de posibles. Por ejemplo, que Judas no entregara a Jesús, permanece como una posibilidad independientemente de lo que en efecto sucedió. De la misma forma, paralelamente al universo existente, se pueden concebir infinitos universos (mundos posibles), infinitas opciones que, aunque no se realizaron, no cesan de ser posibles. En esto radica la contingencia del universo elegido y, por tanto, creado, en el hecho de que considerado en sí mismo, pudo haber sido de otra forma o, mejor dicho, pudo haber sido otro, aunque considerado con respecto a la voluntad divina era el único que satisfaría sus expectativas de perfección. Ahora vale la pena detenernos un poco en esta última distinción entre el posible considerado en sí mismo y el posible considerado con respecto a Dios, pues, con motivo de esta distinción, Leibniz ofrece una definición de posible, en la cual podremos ver la relación del posible y su contenido con el PNC que anuncié un poco antes:

> Porque hemos definido como posible por su propia naturaleza lo que no implica contradicción en sí mismo, aunque de algún modo pueda decirse que su coexistencia con Dios implica contradicción (…). Por consiguiente, digo que posible es aquello que posee alguna esencia o realidad, es decir, que puede ser entendido distintamente[20].

En primera instancia Leibniz nos indica que posible es aquello que no implica contradicción en sí mismo. ¿Qué significa no implicar contradicción? Veamos. Usaré como ejemplos tanto que Judas entrega a Jesús como que Judas no entrega a Jesús. Considerados en sí mismos, ¿alguno de estos ejemplos resulta contradictorio? Habrá que decir que no. ¿En

---

velle ut existat. Fateor, manet tamen possibile sua natura, etsi non sit possibile respectu divinae voluntatis. *Id.*

[20] Quia sua natura possibile definivimus, quod in se non implicat contradictionem, etsi ejus coexistentia cum Deo aliquo modo dici possit implicare contradictionem (…). Dico igitur possibile est, cujus aliqua est essentia seu realitas seu quod distincte intelligi potest. *Id.*

qué consistirá entonces la contradicción si un par de proposiciones, a
pesar de ser opuestas, no la implican? Me parece que podríamos describir la contradicción y no contradicción como compatibilidad o repudio
entre términos. Los términos «Judas», «entregar» y «Jesús» no se repudian, son compatibles, de la misma forma que «Judas», «no entregar»
y «Jesús». En cambio «individuo», «es humano» y «es antílope» no lo
son. A esto se refiere Leibniz cuando dice que posible es aquello que
puede ser entendido distintamente. Tanto que Judas entrega a Jesús como
que Judas no entrega a Jesús pueden ser entendidas, es decir, pueden ser
concebidas o representadas internamente de forma completa, tanto sus
elementos por separado como el conjunto. En cambio, sobre que Judas
es humano y antílope a la vez no puede haber entendimiento pleno pues,
aun cuando puedo entender «Judas», «humano» y «antílope» por separado, nunca podría terminar de concebir el conjunto pues sus partes se
repudian. La pregunta que obviamente se impone es ¿en virtud de qué
son compatibles o se repudian los términos? Para intentar resolver esta
cuestión veamos la tercera descripción que Leibniz hace de posible:
aquello que posee alguna esencia o realidad. De acuerdo. No implicar
contradicción y poder ser entendido distintamente pueden ser reducidos
uno al otro sin mucho problema, pero ¿poseer una esencia o realidad? A
fin de establecer una identidad entre posible y no implicar contradicción
y poder ser entendido distintamente y poseer una esencia o realidad, es
necesario aclarar en este punto lo que, según Leibniz, estrictamente significa ser real. Ser real no equivale a existir. Ser real implica tener una
esencia (una configuración), independientemente del contenido de esta.
En cambio, existir implica que, en virtud de la perfección contenida en
la esencia, se le ha trasladado a la existencia, se ha hecho efectiva (actua-
lizado) la posibilidad. Entonces ¿se puede ser real sin ser existente? Sí.
¿Cómo? Como los infinitos posibles, que en virtud de su composibilidad
se agrupan en infinitos mundos posibles y residen en el entendimiento
divino «antes» (en el caso de todos ellos) y «después» (en el caso de
todos, excepto el mejor) de la creación. Los infinitos mundos posibles
residen en el entendimiento divino, son reales en la mente de Dios, esto
es, ahí son contemplados y considerados (calculados) por Él, pero no
son configurados (diseñados) ni por el entendimiento ni por la voluntad
divina (en este sentido, como he dicho, son independientes). Ahora, si
a pesar de ser reales en el entendimiento divino, las esencias (posibles)
no son lo que son (diseñados) a partir de una acción divina, entonces
¿a partir de qué? El contenido de las esencias (posibles) es determinado a partir del PNC, el cual constituye, si entiendo bien a Leibniz,

el verdadero y último fundamento de todo, la racionalidad misma que todo lo configura y a todo impone sus condiciones (incluido Dios), la verdadera naturaleza de las cosas en sí mismas. Desde esta perspectiva la compatibilidad o repudio entre términos deja de aparecer como un asunto de apreciación y adquiere objetividad. Que Judas sea humano y antílope es contradictorio, no se puede entender distintamente, porque no contiene esencia, esto es, sus términos se repudian no porque a mí me parezca que se repudian, sino que son incompatibles en virtud de lo que las cosas en sí mismas son: no es posible.

1686-1716

Entre enero y febrero de 1686, debido a que, en sus propias palabras, no tenía nada que hacer, Leibniz escribe un *breve discurso de metafísica*. Como sucede con otras de sus obras, esta ni fue publicada en vida de su autor ni tenía, en realidad, nombre. *Discurso de Metafísica* fue tomado por la tradición de la referencia que el mismo Leibniz hace a la obra en una carta. Al parecer el discurso tenía como objetivo servir como una invitación para Arnauld a entablar un diálogo acerca de una variedad de temas, principalmente teológicos, entre los que se encontraba, por supuesto, el de la libertad. Esta finalidad, por cierto, se cumplió. En cuanto a lo que el *Discurso de Metafísica* representa con respecto a la obra de Leibniz, es una opinión prácticamente unánime (no por ello menos fundada) que constituye el primer paso de lo que más tarde será la versión definitiva del leibnizianismo, esto es, de la postura definitiva de Leibniz con respecto a la realidad. Los primeros parágrafos de la obra tienen como tema a Dios, sus atributos y las acciones que de ellos derivan. Al exponer sobre el alcance de la acción divina, irremediablemente surge la cuestión sobre la posibilidad de la acción de la criatura y, por tanto, del ser humano y, por tanto, de la libertad. En el parágrafo 8, tal como su título lo indica, con el fin de distinguir entre lo que hace Dios de lo que hacen las criaturas, Leibniz introduce uno de los conceptos fundamentales de su sistema, esto es, la noción completa de una sustancia individual:

> Así, es preciso que el término del sujeto encierre siempre el del predicado, de suerte que quien entendiese perfectamente la noción del sujeto juzgaría también que el predicado le pertenece. Siendo esto así, podemos decir que la naturaleza de una sustancia individual, o de un ente completo, es tener una noción tan acabada que sea suficiente para comprenderla y para hacer deducir de ella todos los predicados del sujeto al que esta noción es atribuida. El accidente, en cambio, es un

ser cuya noción no encierra todo lo que puede ser atribuido al sujeto al que se atribuye esa noción. Así, la cualidad de rey que pertenece a Alejandro Magno, si se hace abstracción del sujeto no está suficientemente determinada a un individuo, y no encierra el resto de las cualidades del mismo sujeto, ni todo lo que comprende la noción de ese príncipe; Dios en cambio, viendo la noción individual o hecceidad de Alejandro, ve en ella simultáneamente el fundamento y la razón de todos los predicados que se pueden decir de él verdaderamente, como, por ejemplo, que vencerá a Darío y a Poro, hasta incluso conocer a priori (y no por experiencia) si murió de muerte natural, o envenenado, lo cual nosotros sólo podemos saberlo por la historia[21].

Esta es, seguramente, una de las tesis más polémicas del pensamiento leibniziano[22], pues establece que todo lo que una sustancia individual, (Alejandro Magno, por ejemplo) ha hecho, hace y hará (vencer a Darío, por ejemplo), está predeterminado. Cada sustancia solamente puede hacer y solamente le puede pasar aquello que está contenido en su noción completa. La idea es polémica porque parece contradecir al sentido común. Lo más común sería pensar que yo puedo (en buena medida, al menos) hacer lo que yo quiera. En cambio, esta tesis me indica que yo puedo hacer lo que yo puedo hacer pues, en eso precisamente, consiste ser yo. Dejando de lado la polémica, explicaré, en primer lugar, de dónde proviene el concepto de noción completa, en el sentido de cuál es su

---

[21]   Ainsi il faut que le terme du sujet enferme tousjours celuy du predicat, en sorte que celuy qui entendroit parfaitement la notion du sujet, jugeroit aussi que le predicat luy appartient. Cela estant, nous pouvons dire que la nature d'une substance individuelle, ou d'un Estre complet, est d'avoir une notion si accomplie, qu'elle soit suffisante, à comprendre et à en faire deduire tous les predicats du sujet à qui cette notion est attribuée. Au lieu que l'accident est un estre dont la notion n'enferme point tout ce qu'on peut attribuer au sujet à qui on attribue cette notion. Ainsi la qualité de Roy qui appartient à Alexandre le Grand, faisant abstraction du sujet n'est pas assez determinée à un individu, et n'enferme point les autres qualités du même sujet, ny tout ce que la notion de ce Prince comprend; au lieu que Dieu voyant la notion individuelle ou hecceité d'Alexandre, y voit en même temps le fondement et la raison de tous les predicats qui se peuvent dire de luy veritablement, comme par exemple qu'il vaincroit Darius et Porus, jusqu'à y connoistre à priori (et non par experience) s'il est mort d'une mort naturelle, ou par poison, ce que nous ne pouvons sçavoir que par l'histoire. G. W. Leibniz, 1686, *Discours de metaphysique*, AA VI, 4B, 1540-41 [OFC 2, 169].

[22]   Para una muy clara y completa explicación de la noción o concepto completo de un individuo o sustancia individual ver: HERRERA, A., «Una ontología neo-leibniziana: La teoría de las guisas de Héctor-Neri Castañeda», HURTADO y NUDLER (comp.), *El mobiliario del mundo: ensayos de ontología y metafísica*, UNAM-IIF, México, 2007 (Filosofía contemporánea. Serie antologías).

relación con otros conceptos leibnizianos. En segundo término, intentaré mostrar, de la forma más clara que pueda, que hay una relación entre la noción completa de una sustancia individual y la IPMD.

Bien. Partiré de esta cuestión: ¿Qué es una sustancia individual? Una sustancia individual es un existente individual como Judas Iscariote o Fidel Castro, por ejemplo. Si es un existente, ello implica que ha sido trasladado a la existencia en virtud de la perfección contenida en su esencia, y esto, a su vez, implica que, en tanto que posible (debido a su contenido y a la composibilidad que de este se deriva), ha resultado ser miembro del mejor de los mundos posibles por lo que ha sido, en conjunto, elegido por la voluntad divina. Ahora bien, como dije antes, el posible (individual) *previamente* a la creación, es considerado por Dios de forma completa a fin de establecer si reúne la perfección suficiente para llevarlo a la existencia. Considerar de forma completa implica considerarlo en conjunto con todos los otros posibles pues es únicamente en virtud de su capacidad de coexistir (composibilidad) que se puede establecer una jerarquía de los posibles según su perfección. De este ejercicio surgen grupos de posibles-composibles, o mundos posibles, que se distinguen unos de otros, precisamente, por la perfección contenida en ellos. La consideración que revela cada uno de los infinitos mundos posibles implica que se han considerado, no sólo el total de los posibles incluidos, sino, sobre todo, cada una de las relaciones (y el orden de éstas) que cada posible es capaz de establecer con cada uno de los otros posibles. Al considerar cada mundo quedan fijas cada una de las acciones (desde el posible) y pasiones (hacia el posible) que cada uno de los posibles puede establecer, en virtud de lo cual son ese posible y no otro. De esta forma, el contenido de los mundos posibles queda determinado cuando es considerado por el entendimiento divino. Así, debido a la correspondencia entre posible individual y sustancia individual, en esta última están predeterminadas todas las relaciones (y el orden de éstas) de que la sustancia es capaz y en virtud de las cuales esta sustancia individual es esta y no otra. En esto consiste la noción completa de una sustancia individual.

Ahora bien, así como el contenido del posible y, por tanto, el contenido de cada mundo posible, no es diseñado o construido por Dios debido a la IPMD, el contenido de cada noción completa de cada sustancia individual (que no es otra cosa que la consideración de un posible trasladada a la existencia) tampoco. La noción es independiente en tanto que su independencia es la independencia del posible trasladada a la existencia. La sustancia individual depende (absolutamente) de Dios en cuanto a su existencia, pero no depende de Él en cuanto a su identidad. Depende de Él para existir, en tanto le ha elegido como miembro del mejor de los mundos posibles, pero no para ser esa sustancia y no otra. A partir de este momento, la explicación leibniziana de cómo se originan las cosas existentes cuenta ya con sus elementos definitivos, los cuales aparecerán expuestos una y otra vez aun cuando 1697 todavía está lejos[23]. Como ejemplo de que las ideas fundamentales se encuentran presentes desde este momento podemos citar *La razón por la que existen estas cosas más bien que otras* (de 1689), la cual hace referencia a lo dicho desde el mismo título:

> De aquí se deduce que todo posible tiende a la existencia a partir de sí mismo, y que no se ve impedido a esa existencia sino por accidente; igualmente se concluye que las únicas razones que hay para la no existencia de algo, provienen de considerar conjuntamente las razones para la existencia de ese algo. Conviene que la exigencia de existir de las esencias tenga una raíz existente a parte rei; de lo contrario nada habría en las esencias sino una ficción en la mente y como de la nada, nada se sigue, lo que habría por siempre y necesariamente sería la Nada. Únicamente puede ser dicha raíz el Ser Necesario, garante de las esencias y fuente de las existencias; es decir, Dios, agente perfectísimo por el cual y a partir del cual existe todo; y agente voluntario que, determinado a lo que es lo mejor, elige por tanto aquello que proporciona una mayor perfección en el concurso [de los posibles que pretenden existir][24].

De este momento del desarrollo del pensamiento de Leibniz, y con respecto a la finalidad de este trabajo, es importante destacar dos puntos. En primer lugar, resulta interesante (y útil) hacer notar que Leibniz establece una diferencia entre lo que Dios es para las esencias y lo que Él es para las existencias. Dios es fuente de las existencias, pero solamente

---

[23] En este año escribe *Sobre la originación radical de las cosas* (o bien, *Sobre el origen radical de las cosas*), obra que puede considerarse la explicación completa y sistemática del concepto leibniziano de creación y que tocaré un poco más adelante.

[24] Hinc patet omne possibile tendere ad existendum ex se, sed per accidens impediri, nec esse alias rationes non existendi, nisi ex ipsis existendi rationibus conjunctis natas. Caeterum existituritionis essentiarum oportet esse radicem existentem, a parte rei; alioqui nihil prorsus erit in Essentiis nisi animi figmentum, et cum ex nihilo nil sequatur erit perpetuum et necessarium Nihil. Haec autem radix non potest alia esse quam Ens necessarium, fundus essentiarum, fons Existentiarum, id est Deus, agens perfectissime, quia omnia in ipso et ex ipso; adeoque voluntarie, sed tamen ad id quod optimum est determinate; eligit ergo id ipsum quod postulat major perfectio in concursu [existituri-entium]. G. W. Leibniz, 1689, *De ratione cur haec existant potius quam alia*, AA VI, 4B, 1635 [OFC 2, 210].

es garante de las esencias. Por supuesto se puede argumentar que el lenguaje usado es puramente metafórico, pero a la luz de todo lo que hasta aquí he mostrado me parece que, más bien, debe decirse que detrás de estas figuras opera la idea de que las existencias sí son producidas (fuente) y, en cambio, las esencias sólo son resguardadas (garante). En segundo término y a partir de esta última idea, cabe preguntarse ¿qué sucedería si Dios diseñara los posibles, es decir, que fuera el responsable de su contenido? Si así fuera, entonces no se podría decir que Dios elige lo creado. Si Dios diseña lo mejor (o lo que sea) para luego llevarlo a la existencia, entonces no habría necesidad de elegir nada y la creación como un acto libre se desdibuja. ¿Por qué Dios no diseña los posibles? En último término la respuesta es porque no puede: IPMD.

Sobre la originación radical de las cosas[25] de 1697, es una obra que puede considerarse de madurez en la que Leibniz intenta dar unidad a una serie de muy diversos conceptos. Su profundidad y alcance (y de alguna forma su intención) anuncian ya la *Teodicea*. Con respecto a la finalidad de este trabajo, me concentraré en dos puntos principales, los cuales, además, revisten cierta novedad con respecto a las obras anteriores. En primer lugar, la caracterización de la creación como un mecanismo metafísico. En segundo lugar, el hecho de que a la equivalencia posible = esencia, Leibniz agrega los términos verdad (eterna) e idea, el problema que esto genera y su solución:

> Igual que si suponemos que se decide trazar un triángulo, sin que concurra ninguna otra determinación particular, lo lógico es que resulte un triángulo equilátero; y supuesto que sea preciso trasladarse de un punto a otro, sin que haya alguna otra condición que determine el camino, se elegirá una vía máximamente fácil, es decir, la más corta; de la misma manera, establecido de una vez que el ente tiene predominio sobre el no ente, o sea, que hay una razón de por qué existe algo más bien que nada, es decir, que se debe pasar de la posibilidad al acto, entonces de aquí se sigue que aunque no se determine ninguna otra condición más, lo que llega a existir es lo máximo posible respecto de la capacidad de tiempo y lugar (o sea, del posible orden de existencia), tal y como las baldosas se sitúan en una superficie de modo que en un área prevista quepa el mayor número de ellas.

> A partir de los ejemplos anteriores se puede entender maravillosamente cómo en el mismo origen de las cosas se ejerce una cierta

---

[25]   O, como dije, *Sobre el origen radical de las cosas* (*De rerum originatione radicali*).

matemática divina, es decir, un mecanismo metafísico, y cómo tiene lugar la determinación del máximo[26].

El orden necesario para lograr el máximo posible (lo creado) tiene que ser ajeno (independiente) a la voluntad divina. De otra forma sucedería que, siguiendo algunos de los ejemplos de Leibniz, se podría elegir que la distancia más corta entre dos puntos fuera distinta a la línea recta; o bien, se podría suponer que un artesano modele (diseñe) las baldosas de la forma que le parezca mejor. Pero esto no es así. Tanto el hecho de que la línea recta constituye la distancia más corta como la forma de las baldosas ya son, están supuestas. El mecanismo metafísico consiste en elegir la forma más rápida de llegar (la mejor forma) o la forma más adecuada de disponer las baldosas (la mejor disposición) y no en diseñar las propiedades de la línea recta o en modelar las baldosas:

> Se podría decir, sin embargo, que esta comparación entre un mecanismo metafísico determinante y uno físico referido a cuerpos pesados, aunque parezca atractiva, resulta sin embargo deficiente por el hecho de que los cuerpos graves, dotados de fuerza, existen verdaderamente, mientras que las posibilidades o esencias, anteriores a la existencia o al margen de ella, son imaginarias, es decir ficticias, y por tanto no se puede buscar en ellas ninguna razón de existencia. Respondo que ni estas esencias ni las que referidas a ellas llaman verdades eternas son ficticias, sino que existen, por decirlo así, en cierta región de las ideas, es decir, en Dios mismo, fuente de toda esencia y de la existencia de todos los demás entes[27].

---

[26]   Uti ergo si ponamus decretum ese ut fiat triangulum, nulla licet alia accidenti determinandi ratione, consequens est, aequilaterum prodire; et posito tendendum ese a puncto ad punctum, licet nihil ultra iter determinat, via eligetur maxime facilis seu brevissima; ita posito semel ens praevalere non-enti, seu rationem esse cur aliquid potius extiterit quam nihil, sive a possibilitate transeundum ese ad actum, hinc, etsi nihil ultra determinetur, consequens est, existere quentum plurimum potest pro temporis locique (seu ordinis possibilis existendi) capacitate, prorsus quemadmodum ita componuntur tessellae ut in proposita área quam plurimae capiantur.

Ex his jam mirifice intelligitur, quomodo in ipsa originatione rerum Mathesis quaedam Divina seu Mechanismus Metaphysicus exerceatur, et maximi determinatio habeat locum. G. W. Leibniz, 1697, *De rerum originatione radicali*, GP VII, 304 [OFC 2, 280].

[27]   At (inquies) comparatio haec Mechanismi cujusdam determinantis Metaphysici cum physico gravium corporum, etsi elegans videatur, in eo tamen déficit quod gravia nitentia vere existunt, at possibilitates seu essentiae ante vel praeter existentiam sunt imaginarie seu ficctitiae, nulla ergo un ipsis quaeri potest ratio existendi. Respondeo, neque essentias istas, neque aeternas de ipsis veritates quas vocant, esse fictitias, sed

Leibniz, con el fin de resolver el problema, lo sintetiza en forma de una objeción que, como veremos más adelante expresa la posición de algunos de sus interlocutores: las esencias o posibles son, al fin y al cabo, ideas o verdades y, como tales, son imaginarias o ficticias. Así, una vez más, parece que el mecanismo metafísico de la creación consiste en diseñar pues, al ser imaginarias o ficticias, las esencias están en poder de la voluntad divina, tal como la imaginación y las ficciones están en poder de la voluntad humana. La respuesta es contundente. Las esencias, a pesar de ser ideales, no son imaginarias o ficticias. Que lo posible sea posible y lo imposible, imposible, no es determinado por la voluntad divina, sino que esto se determina de forma independiente a ella. Tal es la vehemencia con que Leibniz intenta poner a salvo la independencia de las esencias de las consecuencias de esta objeción que, me parece, se permite un uso inadecuado de términos que él mismo ha definido: dice que las verdades eternas existen (sed existere in quadam ut sic dicam regione idearum) y que Dios es fuente de toda esencia. Vehemencia aparte, es importante señalar que el problema específico de identificar absolutamente al posible-esencia-verdad eterna-idea con un contenido mental (concepto), será tratado por Leibniz (y, a su juicio, resuelto) en obras posteriores que, como tales, serán objeto de este trabajo un poco más adelante.

Un año después (1698) Leibniz enfrenta, en *Discusión con Gabriel Wagner*[28], una objeción similar a la que él mismo se proponía en *Sobre la originación...*, pero ahora en voz de un interlocutor real:

> Wagner: objeción 1: La existencia del mundo es previa a nuestros conceptos. Por tanto, estos dependen de aquélla, y no al revés[29].

La objeción de Wagner se funda en su propia interpretación del concepto leibniziano de mundo posible, contenido en la cuarta de las (originalmente) cinco tesis en las que Wagner resume el pensamiento de Leibniz. En respuesta, Leibniz expone que un mundo posible se constituye por cualquier serie de cosas no-contradictorias que podamos imaginar. A Wagner le parece que Leibniz ha propuesto que los mundos dependen de lo que alguien se imagine, es decir, que su posibilidad depende de un contenido o estado mental. En este sentido responde

---

existere in quadam ut sic dicam regione idearum, nempe in ipso Deo, essentiae omnis existentiaeque caeterorum fonte. *Ibid.* 304-305 [OFC 2, 281].

[28]   Gabriel Wagner (1660-1717). Filósofo alemán.

[29]   b. Objectio I. Existentia mundi est ante conceptus nostros. Ergo hi ex illa, non illa ex his. G. W. Leibniz, 1698, *Discussion avec Gabriel Wagner*, Grua 390 [OFC 2, 288].

que el mundo (el único existente) funda lo que de él se puede pensar, es decir, que no hay contenido o estado mental que no esté fundado en la experiencia del mundo. A ojos de Leibniz, Wagner ha confundido concepto y posibilidad y trata de hacérselo notar:

> [...] Pero la posibilidad de nuestros conceptos <e incluso de las cosas mismas>[30] es por su origen y naturaleza, previa a la existencia del mundo. Pues la esencia o posibilidad es el origen de la existencia, y las existencias o verdades físicas <es decir, temporales> siguen las leyes de la esencia o verdades metafísicas y geométricas, en una palabra, eternas [Aunque nuestros conceptos sean posteriores a la existencia de las cosas, sin embargo, los objetos de nuestros conceptos o cosas son la posibilidad][31].

Los términos que admiten ser identificados (dada su estrecha relación) no son concepto y posibilidad, sino esencia y posibilidad (o posible). Podemos ver aquí el llamado esencialismo leibniziano, es decir, su convicción de que las esencias son metafísicamente anteriores a la existencia y que, por tanto, son *algo* anterior a la existencia. La posibilidad o posible o esencia es anterior a la existencia y por tanto es, en cierta medida, independiente del mecanismo metafísico que traslada la posibilidad a la existencia. A pesar de que por medio de esta y otras aclaraciones Wagner concede que se puede concebir otro estado del mundo como posible, se resiste a considerar esta posibilidad como una verdadera posibilidad. Expondré y comentaré algunas de las objeciones de Wagner junto con las respuestas correspondientes de Leibniz en las cuales, me parece, se hace clara alusión a la IPMD:

> W: Las cosas y la posibilidad de las cosas son lo mismo, puesto que las cosas son eternas*(...).
> L: Hay muchas cosas que no son eternas y sin embargo sus posibilidades (entendiendo posibilidades metafísicas) sí que lo son (...)[32].

---

[30]   Los signos < > y [ ] son utilizados por Grua para señalar las aclaraciones posteriores de Leibniz al texto.

[31]   [...] Sed conceptum nostrorum <rerumque adeo ipsarum> possibilitas est origine seu natura prior existentia mundi. Nam essentia seu posibilitas est origo existentiæ, et existentiæ seu veritates physicæ <sive temporales> sequuntur leges essentiæ seu veritates metaphysicas et geométricas; uno verbo, æternas. [Etsi conceptus nostri sint posteriores rerum existentia, tamen objecta conceptuum nostrum seu rerum possibilitas] G. W. Leibniz, 1698, *Discussion avec Gabriel Wagner*, Grua 390 [OFC 2, 288-289].

[32]   b. Res et rerum possibilitas sunt simul, quia res sunt æternæ* (...).

L. *Res multæ non sunt æternæ, et tamen earum possibilitates sunt æternæ, intelligo possibilitates metaphysicas (...). G. W. Leibniz, 1698, *Discussion avec Gabriel Wagner*, Grua 392 [OFC 2, 291].

El ejemplo paradigmático que seguramente Leibniz tiene en mente es el de las figuras geométricas. El triángulo que ahora trazo y todos los triángulos que han sido trazados no han, obviamente, existido siempre. Sin embargo, la posibilidad del triángulo (su posible correspondiente), entendida como el hecho de que la esencia del triángulo no implica contradicción es, según Leibniz, eterna.

> W: […] y antes de lo eterno no puede haber nada con verdadera posibilidad.
>
> L: Sin embargo, la naturaleza o el origen son causas coeternas, anteriores a las eternas, como la esencia con respecto a las propiedades[33].

Considero que esta sencilla respuesta podría resultar de suma importancia para la finalidad de este trabajo. Me parece que la alusión a la naturaleza u origen, cuya anterioridad no puede ser temporal sino causal o de orden («como la esencia con respecto a las propiedades»), podría interpretarse como una indicación de la convicción leibniziana de que hay una instancia superior que determina las cosas eternas, de que por encima de todo (o por debajo, como fundamento) rige una norma máximamente absoluta y que, por tanto, determina la posibilidad e imposibilidad absolutas. Esta norma tendría que ser el Principio de no contradicción, el cual determinaría lo que puede y lo que no puede ser considerado por el intelecto divino sin que la voluntad divina pueda intervenir en este plano.

> W: Así, es de todo punto imposible que Carlos V fuese Papa, por mucho que una mente absurda lo pensara.
>
> L: Ese Carlos V Papa podría darse con verdadera posibilidad metafísica, para lo cual basta que algo pueda ser concebido sin caer en el absurdo. La existencia de tal realidad es una imaginación, pero su posibilidad no es una imaginación. <Cuando el emperador Maximiliano I, viudo, deliberaba cómo alcanzar el Papado, ciertamente deliberaba sobre una cosa posible. No todo lo que es posible llega a suceder>[34].

---

[33]   […] et ante æterna nil esse potest possibilitate vera** (…). **Etiam æternis priores natura vel origine sunt causæ coæternæ, ut essentia proprietatibus (…). G. W. Leibniz, 1698, *Discussion avec Gabriel Wagner*, Grua 392 [OFC 2, 291-292].

[34]   […] Sic Carolus V impossibiliter potuit papa esse, licet mente frustanea potuerit*** (…) ***Potuisset esse possibilitate vera Metaphysica, ad quam sufficit ut aliquid fingi possit sine absurditate. Existentia talis rei est figmentum, sed possibilitas ejus non est figmentum. <Cum imperator Maximilianus I viduus deliberabat de obtinendo papatu,

Las posturas son tan divergentes que resulta interesante cómo Wagner utiliza como argumento la consideración de un personaje histórico fuera de su propia serie. Para su sorpresa (seguramente) dicha consideración no representa ningún absurdo para Leibniz, sino una verdadera posibilidad en tanto que un Carlos V Papa no implica contradicción. Como podemos apreciar claramente el problema para lograr un acuerdo consiste en que Leibniz considera que el grupo de cosas efectivamente existente no agota la posibilidad, en tanto que Wagner considera que fuera de este grupo de cosas no hay verdadera posibilidad. Dicho en palabras más sencillas, Wagner considera que existe todo lo que es posible, en cambio Leibniz piensa que sólo una pequeña porción de lo posible ha sido llevada a la existencia.

> W: La esencia no es previa a la existencia, ni es tampoco su origen, sino que es el concepto de las cosas ya existentes […].
> L: La esencia no es el concepto, ni tampoco la esencia lo es siempre de cosas existentes. La esencia es siempre anterior en el origen a la existencia, porque a partir de ella puede darse razón de la existencia[35].

El realismo de Wagner es irreconciliable con el esencialismo de Leibniz. Para los fines de este trabajo resulta muy importante la distinción leibniziana de concepto (mental) y esencia (real) pues con ella se establece la independencia de la esencia (o posible) de una voluntad pues al no identificarse con un contenido mental sino con una realidad *subsistente*, se sigue también que su configuración tampoco dependerá de ninguna voluntad (ni siquiera la divina) lo cual, por otro lado, no implica que dicha configuración no dependa de nada, sino únicamente que no depende de voluntad alguna en cuanto a su configuración.

La *Monadología* (1714), probablemente la obra más popular de Leibniz, constituye un esfuerzo para explicar de forma sintética su visión del universo, en la cual este último está constituido por sustancias primeras, individuales e indivisibles. En el parágrafo 43 Leibniz establece que el entendimiento divino es la sede de los posibles:

---

certe de re possibili deliberabat. Non quicquid possibile est succedit.> G. W. Leibniz, 1698, *Discussion avec Gabriel Wagner*, Grua 392-393 [OFC 2, 291-292].

[35]   […] Essentia non est prior, vel origo ejus existentia, sed est conceptus* de rebus jam existentibus (…). *Essentia non est conceptus, nec semper de rebus existentibus. est autem semper existential origine prior, quia ex ea ratio existentiæ reddi potest. *Id.*

Es, asimismo, cierto que en Dios está el origen no sólo de las existencias, sino también de las esencias en tanto que son reales, o de aquello que en la posibilidad hay de real. Ello es debido a que el entendimiento de Dios es la región de las verdades eternas o de las ideas de las que aquéllas dependen; sin él no habría nada real en las posibilidades, y no sólo nada existente, sino tampoco nada posible[36].

He aquí otro parágrafo que resulta fundamental para alcanzar los fines que este trabajo persigue pues en él puede apreciarse tanto la dependencia como la independencia de los posibles con respecto a la mente divina. Dios, dice Leibniz, es el origen tanto de las existencias como de las esencias. Evidentemente esto implica una relación de dependencia, sin embargo, y he aquí lo más importante, esta dependencia no es absoluta en el caso de las esencias pues estas dependen de Dios en tanto que son reales. Es necesario aclarar dos cuestiones: en primer lugar en qué consiste la diferencia entre existente y real; en segundo lugar, en qué consiste la dependencia no-absoluta de las esencias o posibles con respecto de Dios. Con respecto a la primera cuestión, tal como he expuesto antes, Leibniz entiende por real aquello que puede ser pensado sin contradicción, es decir, real se identifica con posible. Por su parte, existente se refiere a aquello que ha sido elegido por Dios, dada su perfección o contenido, para ser trasladado como parte del mejor de los mundos posibles. Es decir, todo lo existente tiene un fundamento real, pero no todo lo real existe. A partir de esta distinción podemos encarar la segunda cuestión. Lo existente depende de la voluntad de Dios, en cambio lo real depende de su entendimiento únicamente: «Sin embargo, en ningún caso cabe imaginar, como hacen algunos, que las verdades eternas, al depender de Dios, son arbitrarias y dependen de su voluntad, tal como parece que Descartes, y luego Poiret[37], han supuesto»[38]. Las esencias (o posibles o posibilidades) son independientes de la voluntad

---

[36] Il est vray aussi, qu'en Dieu est non seulement la source des existences, mais encor celle des essences, en tant que réelles, on de ce qu'il y a de réel dans la possibilité. C'est parce que l'Entendement de Dieu est la Region des verités éternelles, ou des idées dont elles dependent, et que sans luy il n'y auroit rien de réel dans les possibilités, et non seulement rien d'existant, mais encor rien de possible. G. W. Leibniz, 1714, *Monadologie*, GP VI, 614 [OFC 2, 333-334].

[37] Pierre Poiret (1646-1719), filósofo cartesiano francés.

[38] Cependant il ne faut point s'imaginer avec quelques uns, que les verités éternelles étant dependantes de Dieu, sont arbitraires et dependent de sa volonté, comme Des-Cartes paroist l'avoir pris et puis Monsieur Poiret. *Id.* [OFC 2, 334].

de Dios (y dependientes de su entendimiento al mismo tiempo) debido a lo cual no son configurados arbitrariamente, sino que son elegidos a partir de lo que ya son, a partir de su contenido original. Precisamente por esto es que Dios, con respecto a la creación, en primer lugar, conoce algo que puede ser conocido, es decir, algo que ya contiene o presenta una configuración específica. Una vez que ha conocido es posible elegir y, como resultado de la elección, propiamente producir: «En Dios existe la Potencia, que es el origen de todo; después, el Conocimiento, que contiene el pormenor de las ideas; finalmente, la Voluntad, que realiza los cambios o producciones según el principio de lo mejor»[39].

Dos años antes de fallecer, Leibniz prepara *Principios de la Naturaleza y de la Gracia fundados en la Razón* con la finalidad de exponer sintéticamente su filosofía a su protector Eugenio de Saboya. Resulta muy interesante que en esta obra que, dado su destinatario, seguramente contiene lo que Leibniz consideraba las líneas maestras de su propio pensamiento, la IPMD tenga un lugar: «La razón por la cual las cosas existan por Él, las hace depender también de Él al existir y al obrar; y las cosas reciben continuamente de Él lo que les hace tener alguna perfección; pero lo que les queda de imperfección proviene de la limitación esencial y original de la criatura»[40]. Podemos volver a apreciar elementos que he destacado a lo largo del capítulo. Se afirma que las cosas dependen de Dios tanto en el existir como en el obrar, sin embargo, inmediatamente, la afirmación es contextualizada: toda su perfección procede de Dios, pero su imperfección restante les es propia, original. De esta forma, me parece, y a modo de conclusión de este apartado podemos establecer que hay una clara relación entre la IPMD y la identidad de las criaturas, esto es, cada criatura es esta y no otra a partir de su configuración, la cual es independiente de la voluntad divina.

---

[39]   Il y a en Dieu la Puissance, qui est la source de tout, puis la Connoissance, qui contient le detail des Idées, et enfin la Volonté, qui fait les changemens ou productions selon le principe du Meilleur. *Ibid.* 615 [OFC 2, 334].

[40]   La Raison qui a fait exister les choses par luy, les fait encore dependre de luy en existant et en operant; et elles reçoivent continuellement de luy ce qui les fait avoir quelque perfection; mais ce qui leur reste d'imperfection, vient de la limitation essentielle et originale de la creature. G. W. Leibniz, 1714, *Principes de la nature et de la grâce fondés en raison*, GP VI, 602-603 [OFC 2, 348].

Capítulo 3
La relación entre la independencia
de los posibles en la mente de Dios y la libertad

ESPONTANEIDAD INTELIGENTE

La independencia de los posibles en la mente de Dios (IPMD) consiste, como he tratado de mostrar a lo largo del capítulo 2, en el hecho de que los posibles o esencias a partir de los cuales el mejor de los mundos posibles es trasladado a la existencia, no son diseñados por Dios. En otras palabras, que la constitución de dichos posibles no es producto de una elección o acto de la voluntad divina y que, por tanto, la constitución de la noción completa de cada una de las sustancias que conforman dicho mundo tampoco lo es. Por supuesto, el mejor de los mundos posibles existe debido a una elección divina, pero no es como es debido a esta misma elección[1]. En cuanto a su configuración es independiente de la voluntad divina. De esta forma se resuelve el primer gran problema que nos planteamos al inicio de este trabajo, esto es, que para conciliar los atributos divinos y la libertad humana había que dar con un aspecto de la criatura que no dependiera absolutamente del Creador (Dios no hace todo, DNHT). Sin embargo, se nos presenta ahora un nuevo problema que parece igualmente complicado de resolver: ¿Cómo es que la IPMD constituye el fundamento de la libertad humana si es una característica de todas las criaturas? Tanto el posible correspondiente a la noción completa de Alejandro Magno como el correspondiente a Cecil (el león) son esencialmente (o sea, desde el punto de vista de su configuración) independientes de la voluntad divina. Sin embargo, no podemos admitir que Cecil es libre pues Leibniz reserva dicha cualidad para los seres

---

[1] Ni debido a ninguna otra elección sea anterior, posterior o simultánea.

racionales. Explicaré a continuación cómo es que la IPMD fundamenta la libertad en unas criaturas y en otras no.

En la sección 8 del *Discurso de Metafísica*, Leibniz se da a la tarea de establecer cuándo es que se puede atribuir una acción a una criatura, a fin de distinguir las acciones de las criaturas de las acciones de Dios. El primer paso que el filósofo de Hannover toma consiste en explicar qué es una sustancia individual, dado que este tipo de sustancias son las únicas capaces de actuar y, obviamente, las únicas a las que las acciones pueden ser atribuidas:

> Es muy verdadero que cuando se atribuyen muchos predicados a un mismo sujeto, y este sujeto no se atribuye a ningún otro, se le denomina sustancia individual. Pero esto no es suficiente y una explicación de ese tipo no es más que nominal. Es preciso, pues, considerar qué quiere decir ser verdaderamente atribuido a un cierto sujeto. Ahora bien, consta que toda predicación verdadera tiene algún fundamento en la naturaleza de las cosas, y cuando una proposición no es idéntica, es decir, cuando el predicado no está comprendido de modo expreso en el sujeto, es preciso que esté comprendido virtualmente, y esto es lo que los filósofos llaman inesse. Así, es preciso que el término del sujeto encierre siempre el del predicado [...]. Siendo esto así, podemos decir que la naturaleza de una sustancia individual, o de un ente completo, es tener una noción tan acabada que sea suficiente para comprenderla y para hacer deducir de ella todos los predicados del sujeto al que esta noción es atribuida[2].

En primer lugar, Leibniz equipara la sustancia individual con el sujeto, en el sentido de que su principal característica consiste en que a él se le atribuyen predicados sin que él mismo pueda ser atribuido como predicado de algún otro sujeto. Un sujeto, entendido así, no puede

---

[2] Il est bien vray, que lorsque plusieurs predicats s'attribuent à un même sujet, et que ce sujet ne s'attribue plus à aucun autre, on l'appelle substance individuelle. Mais cela n'est pas assez, et une telle explication n'est que nominale. Il faut donc considerer ce que c'est que d'estre attribué veritablement à un certain sujet. Or il est constant que toute predication veritable a quelque fondement dans la nature des choses, et lors qu'une proposition n'est pas identique, c'est à dire lors que le predicat n'est pas compris expressement dans le sujet, il faut qu'il y soit compris virtuellement, et c'est ce que les philosophes appellent inesse. Ainsi il faut que le terme du sujet enferme tousjours celuy du predicat [...]. Cela estant, nous pouvons dire que la nature d'une substance individuelle, ou d'un Estre complet, est d'avoir une notion si accomplie, qu'elle soit suffisante, à comprendre et à en faire deduire tous les predicats du sujet à qui cette notion est attribuée. G. W. Leibniz, 1686, *Discours de métaphysique*, AA VI, 4B, n. 306, 1540 [OFC 2, 168-169].

existir como característica o predicado, no puede existir en otro, en esto radica, precisamente, tanto su sustancialidad como su individualidad. Establecido que en el sujeto existen o son atribuidos los predicados, Leibniz procede a considerar en qué consiste ser atribuido a un sujeto. Aparece aquí, a modo de explicación, una de las ideas fundamentales de la metafísica leibniziana: la idea de noción completa de un sujeto. El argumento que justifica su incursión podría expresarse así: Todo lo que puede ser predicado verdaderamente de un sujeto, tiene como fundamento la naturaleza de dicho sujeto, sin embargo, no todos los predicados que verdaderamente se pueden atribuir al sujeto se encuentran comprendidos en él de modo expreso. Por lo tanto, los predicados que se pueden atribuir verdaderamente al sujeto y que no se encuentran comprendidos en él de modo expreso, se encuentran comprendidos en él de modo virtual, pues todos los predicados verdaderos están fundados en la naturaleza del sujeto. El sujeto contiene, siempre, todos los predicados que puedan atribuirse verdaderamente (sea expresa o virtualmente). En esto consiste la idea de noción completa. En la noción de cada sujeto están contenidos todos los predicados verdaderamente atribuibles incluyendo, por supuesto, toda acción y relación. Así, es posible saber si el que actúa soy yo[3], si puedo saber si la acción en cuestión se encuentra contenida en mi noción completa y, por tanto, puede serme verdaderamente atribuida en forma de predicado. Sobre esta primera conclusión es necesario hacer algunas precisiones: En primer lugar, habrá que señalar que nunca resultará posible, para un ser humano[4], conocer a priori si un predicado está o no contenido en mi noción completa ya que el conocimiento completo de la noción de un sujeto implicaría un análisis infinito, lo cual únicamente es posible para un entendimiento ilimitado. De esta forma, nuestro conocimiento limitado sobre nuestra propia noción nos permitirá a priori un nivel de certeza limitado acerca de la propiedad de nuestros actos, sin embargo, dicho nivel de certeza, por lo general, resultará suficiente para el ámbito de la práctica. Por otro lado, a posteriori, podemos tener certeza absoluta pues si de hecho se ha manifestado un predicado (ser padre, por ejemplo) eso indica de forma irrefutable que dicho predicado estaba contenido en mi noción completa. En segundo lugar, es muy importante señalar que el criterio según el cual una acción es mía (el que actúa soy yo) siempre y cuando

[3] O cualquier otra criatura o, más bien, cualquier otra sustancia.
[4] Ni para ninguna otra criatura, de hecho.

dicha acción esté contenida en mi noción completa, es insuficiente o, mejor dicho, demasiado amplio para nuestros propósitos. La libertad, como dijimos antes, no es una característica de todos los existentes. Ni siquiera es una característica de todas las sustancias individuales. La noción completa, en cambio, sí lo es. A toda sustancia individual, Cecil el león, por ejemplo, se le pueden atribuir verdaderamente algunas acciones dado que dichas acciones se encuentran en su noción completa, pero no todas las sustancias individuales realizan, por ello, estas acciones de forma libre. Las acciones de una sustancia cualquiera fluyen desde su noción completa, es decir, se originan en ella misma y no en un principio realmente exterior. Que el principio desde el que se originan las acciones no es realmente exterior se debe, por supuesto, a la IPMD. Leibniz llama a esta forma de originarse espontaneidad, y es solamente uno de los requisitos de la libertad: «La libertad constituye una espontaneidad ligada a la inteligencia. Aquello que se denomina espontaneidad tanto en las bestias como en las otras sustancias privadas de inteligencia cobra en el hombre su grado más alto de perfección y se llama libertad»[5]. La espontaneidad es imposible sin la IPMD pues es esta la que asegura que el flujo de las acciones desde la noción completa no sea, en realidad, un flujo desde una fuente extrínseca a la criatura misma, como sería en el caso de que el posible y, por tanto, la noción completa, hubiesen sido diseñadas a partir de una elección divina. Todas las sustancias individuales actúan espontáneamente, pero no todas ellas actúan libremente sino solamente aquellas en las que la espontaneidad es acompañada de inteligencia. ¿Quiere esto decir que la inteligencia es capaz de modificar el flujo espontáneo de la noción completa[6]? Dada la determinación implicada en el concepto de noción completa, la respuesta tiene que ser no. Entonces ¿cuál es el papel de la inteligencia en la constitución de la libertad? Veamos. Es verdad que la noción completa de cada sustancia, gracias a la IPMD, fluye espontáneamente, esto es, exenta de toda constricción o influjo externo real:

---

[5]   La Liberté est une spontaneité jointe à l'intelligence. Ainsi ce qu'on appelle sponteneité dans les bestes et dans les autres substances privées d'intelligence, est elevé dans l'homme à un plus haut degré de perfection, et s'appelle liberté. G. W Leibniz, 1692, *Définition de liberté*, GP VII, 109 [Roldán, 207].

[6]   Se plantea aquí el problema de si pude haber actuado de otra forma y de si esto es relevante para la libertad. Esta idea será tratada con más detenimiento en el capítulo IV de este mismo trabajo.

De este modo, mis acciones están determinadas, aunque sean contingentes. Hay razones para lo que hago, pero la presencia de razones no me priva de libertad. Si se sabe que haré un viaje, lo que se sabe es que desearé hacerlo, no que estaré constreñido. Leibniz ha intentado describir la conexión entre la razón y las acciones de tal manera que las razones expliquen las acciones sin necesitarlas. Para lograrlo, debe distinguir entre necesidad e inclinación infalible, es decir, entre una necesidad lógica y una necesidad sólo moral[7].

Sin embargo, ello no implica que la noción fluya desordenada o aleatoriamente. Cada uno de los elementos de la noción forma parte de una sucesión determinada de causas y efectos, de modo que lo que habría que preguntarse acerca de las acciones es cuál es su causa dentro de la misma sucesión determinada. Si, dentro de esta sucesión, resulta que la causa de la acción es la inteligencia, entonces nos encontraremos frente a un acto libre. En cambio, si la causa resulta ser, por ejemplo, una pasión, estaremos frente a una acción simplemente espontánea. Desde la perspectiva leibniziana puedo identificar los actos libres en la medida en que a) pueda saber con certeza que dicha acción se encuentra contenida en mi noción completa, lo cual puede suceder a priori de forma limitada y a posteriori de forma plena y b) dicho acto tenga, dentro de la sucesión determinada de mi noción completa, a la inteligencia como su causa. A pesar de que la sucesión de causas y efectos está, como dije, determinada, ello no implica, y sigo aquí a D. Rutherford, que la sucesión proceda con necesidad absoluta:

De dos estados contradictorios, uno es temporalmente anterior a otro sólo si el primero es «anterior por naturaleza» al segundo o contiene su fundamento. Leibniz interpreta esta relación de fundamentación como una relación tanto ontológica como explicativa: el estado de fundamentación contiene lo que es suficiente para producir y hacer inteligible la existencia del estado que fundamenta. En este sentido, el estado fundante es una «condición predeterminante» del estado fundado. Como aclara el ejemplo de Leibniz, la relación de ordenación no tiene por qué ser una relación en la que un estado dado

---

[7]   In this way, my actions are determined, though contingent. There are reasons for what I do, but the presence of reasons does not rob me of freedom. If it is known that I will take a journey, then what is known is that I will wish to do so, not that I will be constrained. Leibniz has attempted to describe the connection between reason and actions in such a way that reasons explain actions without necessitating them. To succeed, he must make good the distinction between necessitation and infallible inclination –that is, between a necessity that is logical and one that is only moral. SEESKIN, p. 325.

implique lógicamente a su sucesor. La relación puede ser sólo hipotéticamente necesaria, o necesaria en relación con un cierto «modo de
producir». Así, el estado actual de los engranajes del reloj no implica
lógicamente un único estado subsiguiente, sino que sólo lo hace en
relación con determinadas leyes del movimiento. Este punto es crucial
para la defensa de Leibniz de la contingencia del cambio dentro del
mundo creado[8].

A partir de lo dicho, intentaré ahora mostrar que Leibniz efectivamente utiliza la IPMD como la pieza fundamental (aunque no necesariamente evidente) para resolver el problema de la libertad humana.
Seguiré en esta parte el mismo método que usé en el capítulo 2, es decir,
realizaré una revisión histórico-conceptual de las obras pertinentes e
intentaré mostrar que en ellas se encuentra presente la IPMD y que esta
constituye el fundamento de las distintas soluciones por parte de Leibniz.

1671-1686

En *La profesión de fe del filósofo* (1672 – 73), Leibniz intenta
dar respuesta a la cuestión de cómo es posible que Dios no sea causa
del pecado siendo, aparentemente, causa de todo. Obviamente no es
admisible la suposición de que Dios sea responsable por los pecados
humanos, así que lo consecuente es negar que estos tengan como causa
la voluntad divina:

> […] Dios, aunque sea su razón, no es el autor de los pecados y,
> si se me permite hablar al modo escolástico, habría que decir que la
> causa física última de los pecados está en Dios, pero la causa moral
> está en el que peca. Creo que esto pretendían sostener los que decían
> que la sustancia del acto existe por Dios, pero no su malicia, aun

---

[8]   Of two contradictory states, one is temporally prior to another only if the for-
mer is «prior by nature» to, or contains the ground of, the latter. Leibniz interprets this
grounding relation as both an ontological and an explanatory relation: the grounding
state contains what is sufficient to bring about and to render intelligible the existence of
the state which it grounds. In this sense, the grounding state is a «predeterminant» of the
grounded state. As Leibniz's example makes clear, the ordering relation does not have
to be one in which a given state logically entails its successor. The relation may be only
hypothetically necessary, or necessary relative to a certain «mode of producing». Thus,
the present state of the clock's gears does not logically entail a unique subsequent state
but does so only relative to certain laws of motion. This point is crucial to Leibniz's
defense of the contingency of change within the created world. RUTHERFORD, Donald,
«Leibniz on Spontaneity», en RUTHERFORD y COVER (ed.), *Leibniz: Nature and Freedom*,
Oxford University Press, New York, 2005, p. 162.

cuando no fuesen capaces de explicar cómo la malicia no se seguía del acto. Habrían hablado más correctamente si hubiesen dicho que Dios contribuye con todo al pecado, excepto con la voluntad, y por eso no peca. Por lo tanto creo que los pecados no se deben a la voluntad, sino al intelecto divino o, lo que es lo mismo, a aquellas ideas eternas o naturalezas de las cosas (...)[9]

Me parece sumamente significativo para los fines que este trabajo persigue, que desde tan temprana época y edad (alrededor de 26 años) la estrategia leibniziana ya consiste en atribuir la causalidad del pecado (y en consecuencia, de los demás actos libres) no a la voluntad sino a la inteligencia divina o, de forma todavía más exacta, a las ideas eternas, naturalezas de las cosas o simplemente posibles que en ella «habitan». A fin de dejar completamente a salvo a la voluntad divina de la responsabilidad sobre los pecados humanos (y su correspondiente futura condenación), Leibniz intuye que debe de haber una parte de la constitución de la criatura que se encuentra fuera del área de influencia de esta, aunque, por supuesto, no completamente fuera del área de influencia de toda causalidad divina. De esta forma, Leibniz no niega que Dios sea la causa de los pecados, sino que niega que su voluntad lo sea. Siendo el entendimiento divino la causa del pecado es posible afirmar al mismo tiempo que Dios es su razón, pero no su autor y que, por tanto, no es responsable por él:

> Ahora veo, por fin, lo que te propones. A no ser que los pecados sucedan porque así lo exige la armonía universal de las cosas, que distingue la luz de las sombras; pero la armonía universal no existe por voluntad de Dios, sino por el intelecto o la idea, es decir, por la naturaleza de las cosas. A esta misma, por lo tanto, deben computarse los pecados, pues no se siguen de la voluntad, sino de existencia de Dios[10].

---

[9] [...] Esse scilicet Deum, etsi rationem, non tamen auctorem peccatorum, et si scholastice loqui liceret, causam Physicam ultimam peccatorum, ut creaturarum omnium, esse in Deo, moralem in peccante. Hoc volebant opinor, qui dixere substantiam actus a Deo, non tamen malitatem esse; tametsi explicare nequirent, quomodo non actum malitas consequeretur. Rectius dixissent, omnia contribuere Deum ad peccatum praeter voluntatem, ac proinde non peccare. Sentio igitur peccata deberi non voluntati, sed intellectui divino, vel quod idem est, ideis illis aeternis, seu naturae rerum (...) G. W. Leibniz, 1673, *Confessio philosophi*, AA VI, no. 3,121 [OFC 2, 31].

[10] Nunc demum quo tendas video. Peccata scilicet contingere ita ferente harmonia rerum universali, lucem umbris distinguente, Harmoniam autem universalem non a voluntate Dei, sed intellectu seu idea, id est natura rerum esse. Eidem ergo peccata transcribenda, peccata proinde non voluntatem, sed existentiam Dei sequi. *Ibid*. 123 [OFC 2, 33].

Me parece que esta distinción indica claramente el uso de la IPMD: el contenido del intelecto divino determina que Judas será traidor, pero la voluntad divina no es autora de dicho contenido, sino que este responde al PNC o, como Leibniz menciona en el texto, al resultado concreto de la acción de dicho principio, esto es, a la armonía universal de las cosas. Sin embargo, todavía no es del todo claro en qué consiste la diferencia entre la acción humana y la acción de cualquier otra criatura o, más exacto, la diferencia entre la acción libre y la que no lo es pues, aunque resulta claro que el pecado, que es propio de la criatura racional, proviene de la naturaleza misma de las cosas y que, por tanto, no tiene su origen en la voluntad divina, no es igualmente claro en qué se distingue la traición de Judas de, por ejemplo, el hambre de Cecil, la cual tampoco tiene su origen en la voluntad divina. ¿En qué puede, entonces, radicar la diferencia que buscamos? Para responder a esta pregunta Leibniz distingue entre espontáneo y libre:

> También Aristóteles ha definido que algo es espontáneo cuando el principio del actuar está en el agente, y que libre es lo espontáneo con elección[11]. A partir de esto, una cosa es más espontánea cuanto más fluyen sus actos de su naturaleza, y cuanto menos son modificados por las cosas exteriores; y es más libre cuanto más capaz es de elección, es decir, cuantas más cosas entiende con una mente pura y serena. Por consiguiente, lo espontáneo procede del poder, la libertad procede del saber[12].

Veamos. En primer lugar, hay que establecer que la espontaneidad radica, principalmente, en el hecho de no ser afectado por el exterior en cuanto a la generación de actos. Cuando Leibniz nos indica que los actos de un ser fluyen desde su propia naturaleza, supone la IPMD pues, como sabemos, si la constitución de la naturaleza del ser en cuestión no fuera independiente de la voluntad divina, no se podría decir que la espontaneidad es real, pues el principio de su actuar no

---

[11]   Al parecer, Leibniz se refiere a EN 1111 a22 y ss. Cabe señalar que Aristóteles no define espontáneo sino *no forzado* ni libre sino, más bien, *voluntario*. *Ética Nicomaquea*, versión española y notas de GÓMEZ ROBLEDO, Antonio, UNAM, México, 2012, pp. 47-51.

[12]   Etiam Aristoteles spontaneum definivit cum principium agendi in agente est et liberum spontaneum cum electione, unde unumquodque eo magis suae spontis est, quo magis ejus actus ex ejus natura fluunt, et quo minus ab externis immutantur; et eo magis liberum, quo magis capax electionis, id est quo plura intelligit pura et quieta mente. Spontaneum a potentia, libertas a scientia. *Ibid.* 133 [OFC 2, 46].

se encontraría realmente en el ser sino en Dios. Establecida la espontaneidad, puede distinguirse de la libertad, la cual consiste en agregar la elección a la misma espontaneidad. Sin embargo, aquí los términos utilizados pueden prestarse a una confusión. ¿A qué se refiere Leibniz con elección? No puede querer decir que el contenido de aquello que fluye sin constricción alguna desde mi propia naturaleza pueda ser determinado o modificado por mi voluntad pues, como sabemos, ello sería incompatible con el concepto de noción completa de una sustancia individual, la cual está ya determinada del todo. Elegir no consiste en la capacidad de actuar o abstenerse, sino en entender claramente el bien. La voluntad está, según Leibniz, determinada al bien y, por tanto, su acto propio, la elección, será más perfecto en la medida en que el bien sea más claramente entendido. Ahora bien, establecido que elegir es entender claramente (el bien) y que la espontaneidad consiste en el flujo no constreñido desde mi propia naturaleza, nos encontramos en la posibilidad de explicar la libertad. Todas mis acciones son espontáneas, pues todas ellas fluyen sin constricción desde mi propia naturaleza, esto es, desde mi noción completa, la cual está configurada a partir de la IPMD. Es importante señalar que el hecho de que mis acciones fluyan sin constricción alguna no implica que ello ocurra desordenadamente o al azar. Todas mis acciones están ordenadas en la serie que constituye mi noción completa. Están predeterminadas. Sin embargo, no hay constricción alguna pues todas ellas, aunque ordenadas, tienen su principio en mí. Predeterminación y espontaneidad no son contradictorias. Ahora bien, no todas mis acciones espontáneas (y predeterminadas) son libres, sino solamente aquellas que, dentro de la serie preordenada de mi noción completa, tengan como causa un claro entendimiento del bien, esto es, aquellas que sean causadas por una elección. Es de suma importancia señalar en este punto que la IPMD funda no sólo a la espontaneidad sino también a la elección. El hecho de que algunas nociones completas correspondan a seres racionales (seres capaces de producir actos a partir de una elección) y algunas otras no lo hagan, no responde a un acto de la voluntad divina, sino a la naturaleza misma de las cosas, al hecho de que los seres racionales no son contradictorios (es decir, son posibles), al hecho de que los posibles se configuran independientemente de la voluntad divina. A partir de esta definición de libertad, Leibniz avanza al problema de la responsabilidad. En concreto se enfoca en la cuestión de si hay justicia en la condenación o salvación dado que esta y aquélla se encuentran predeterminadas:

F: (…) Imagínate pues un hombre que se ha de condenar, haz que el infierno, con todo lo horroroso y profundo que es, sea presentado ante sus ojos y su alma, añade que le sea mostrado aquel rincón que ha sido destinado para su tormento eterno, en caso de que llegase a actuar de ese modo. ¿Acaso, estando vivo y viendo esto, podría quejarse de Dios o de la naturaleza de las cosas como causas de su condenación?

T: Ciertamente en ese caso no podría, porque al instante se le podría responder que él, si quiere, puede no ser condenado.

F: Eso es lo que yo quería concluir, naturalmente. Supongamos, pues, que este mismo hombre prosigue no obstante y (por hipótesis) es condenado, ¿podría entonces recurrir, con alguna apariencia de justicia, a las mismas quejas ya rechazadas, y podría imputar su desdicha a otra cosa que a su propia voluntad?[13]

Leibniz propone la (desde cierto punto de vista, extravagante) explicación de que a pesar de estar predeterminada, la condenación sucederá, no a pesar de lo que se haga, sino en virtud de lo que se hará. De esta forma, la condenación desde la eternidad no es ni injusta ni impuesta, sino construida por elecciones y, por tanto, merecida. Sin embargo, es verdad que a pesar de esta explicación la impresión de injusticia no desaparece. Pienso que esto se debe a que, frente a este problema, es muy difícil no hacer una doble consideración de, en este caso, la condenación, es decir, parece que esta explicación implica que la condenación sucede dos veces: una cuando Dios considera los infinitos posibles y otra cuando la sustancia individual creada, Judas, por ejemplo, efectivamente actúa a partir de su noción completa. Sin embargo, esto es inexacto. La impresión de duplicidad (y de injusticia) tiende a desaparecer si tenemos en mente que la eternidad en la que sucede la consideración de los posibles es atemporal, es decir, no sucede ni antes ni después. Lo más exacto sería decir que la consideración atemporal de los posibles (cuyo resultado es la consideración del mejor de los mundos posibles) y la realización temporal de las sustancias individuales son simultáneas y que no corresponden

---

[13]   PH. (…)Propone igitur tibi hominem damnandum, fac eius oculis animoque quantus horrore ac profunditate est, infernum exhiberi, adde ipsimet monstrari angulum illum, aeternis eius, si hic agat, tormentis destinatum. Poteritne queri vivus vidensque de Deo, aut natura rerum, damnationis suae causis? TH. Non poterit tunc quidem, quia statim responderi ei potest, posse eum, si velit, non damnari. PH. Hoc volebam scilicet. Ponamus igitur, eundem nihilominus pergere, et ex hypothesi damnari, poteritne tunc ullo juris colore recurrere ad easdem querelas jam tum explosas, poteritne miseriam suam alteri imputare quam voluntati suae? *Ibid.* 137 [OFC 2, 51-52].

a dos series distintas, sino a la misma serie considerada desde distintos puntos de vista, por un lado, el humano, que es sucesivo, y por el otro el divino que es atemporal: la posible condenación de Judas no precede a su condenación actual. Sólo hay una condenación de Judas, la cual es simultáneamente considerada en la eternidad y realizada en el tiempo. De esta forma, habrá que decir que a) la consideración de los posibles, b) su elección – realización y c) la existencia efectiva de la sustancia individual, no constituyen tres actos independientes pero sucesivos, sino un solo acto que incluye los tres aspectos, de ahí su simultaneidad: creación continua. Es, como dije un poco antes, a partir de esta idea que Leibniz encara el tema de la responsabilidad por nuestros actos. En primer lugar, Judas no se ha condenado o salvado antes, en algún plano diferente y ajeno a lo que el propio Judas es. Judas se está salvando o condenando en este momento, el único en el que Judas propiamente existe, el cual, desde nuestro punto de vista limitado, está compuesto de varios niveles que nos parecen sucesivos, pero que en sí mismo es simple. En segundo lugar, decimos que Judas se salva o condena a sí mismo pues el principio de todos sus actos se encuentra en él mismo (espontaneidad) y los actos específicos que le condenan o salvan tienen a cierto entendimiento del bien como su causa (elección). Sin embargo, no queda del todo claro cómo es que se salva o condena a sí mismo si todos sus actos (espontáneos y elegidos) están predeterminados. Parece que, si mis actos están predeterminados, hay algo en ellos que está fuera de mi control y sobre lo cual, por tanto, me resulta difícil reconocerme como responsable. Me parece que la postura de Leibniz sobre este punto es sorprendentemente clara. Yo podría tener control total (incondicionado, irrestricto) sobre lo que hago (mis actos), si tuviera control total (incondicionado, irrestricto) sobre lo que soy. Sin embargo, ninguna criatura en el universo tiene control total sobre lo que es y, por lo tanto, ninguna criatura tiene control total sobre lo que hace. Esto, desde el punto de vista de Leibniz, no implica que no exista responsabilidad alguna sobre ningún acto, sino que un correcto concepto de responsabilidad debe estar contextualizado en el hecho de que esta depende del nivel de control que sobre mis actos pueda tener, lo cual no es contradictorio con la predeterminación. En cambio, la idea de responsabilidad ligada únicamente a los actos sobre los que tengo control absoluto es una ilusión fundada en un estado de la realidad que no puede existir. En concreto, somos responsables por aquello que está en nuestro poder y lo que está en nuestro poder está determinado por lo que somos. En el caso de las criaturas racionales, lo que está en nuestro poder está establecido por la predeterminación de lo que en nosotros es espontáneo y elegido. Acerca de que la condenación es una desgracia independientemente de qué tan construida, merecida, simultánea o libre sea, Leibniz apunta:

> [L]a de los desesperados contra sí mismos; tal es su ira [de los condenados] contra la armonía universal, congruente con la misma naturaleza de las cosas o ideas, que produce este curso de las cosas; ira ciertamente necia como la que tendría alguien si, calculando mal y dándose cuenta de que los resultados no corresponden de ningún modo con la operación, se indignara contra la aritmética más que contra sí mismo, y se lamentara inútilmente de que tres veces tres no sean diez sino nueve (…)[14].

Que yo sea como soy no es culpa de nadie, sino que es causado por la naturaleza misma de las cosas, instancia superior del universo a la que ordenan todos los actos, incluso los de Dios. Que yo (siendo como soy) sea, es decir, exista, es atribuible a la elección de Dios del mejor de los mundos posibles en la que Él no elige (quiere) el mal, sino que lo permite en virtud de una armonía superior. ¿Por qué yo me tengo que condenar para cooperar a la armonía superior universal? Para esto no hay respuesta humana posible, pues el cálculo que determina que este es el mejor de los mundos posibles me es inalcanzable.

Entre 1680 y 1684, encontrándose ya en Hannover, Leibniz escribe *Acerca de la libertad exenta de necesidad en la elección*. La consideración de esta obra es pertinente resulta en este momento del presente trabajo debido a dos puntos: en primer lugar, debido a que podemos encontrar una explicación cada vez más clara de cómo es que predeterminación y libertad no se excluyen mutuamente. En segundo lugar, debido a que podemos encontrar referencias claras a lo que aquí llamaré un racionalismo fuerte, esto es, indicaciones de que Leibniz consideraba que la correcta explicación de la realidad incluye una instancia máximamente determinante que actúa, incluso, en Dios. Esta instancia es fundamento de la IPMD. En cuanto a la compatibilidad de predeterminación y libertad, Leibniz nos indica:

> Dios preveía que Adán habría de pecar, si caía en la tentación del fruto y, por lo tanto, ¿por qué no modificó la serie de las cosas? Respondo: porque Dios sabía que esta serie de cosas sería más perfecta

---

[14] [D]esperatorum in se ipsos; talem esse eorum iram in harmoniam universalem ipsi rerum naturae, seu ideis consentaneam, huius rerum cursus effectricem; iram profecto tam stultam, quam si quis male computans et examina operationi minime respondere sentiens, indignaretur Arithmeticae potius, quam sibi, doleretque in cassum, ter tria non decem potius (nam talibus proportionibus necessariis etiam harmonia rerum innitur) quam novem esse. *Ibid.*138 [OFC 2, 52-53].

que las otras, por eso no la cambió. No obstante, dices, quiso, por consiguiente, que Adán pecase. Respondo negando la consecuencia. Sin embargo, quiso esas cosas de las cuales sabía que se seguiría el que Adán habría de pecar. Esto no puede negarse. Por consiguiente, ¿quiso que Adán pecara? No se sigue de lo anterior. Pues sólo lo permitió[15].

Aunque varios sucesos relacionados causalmente pertenecen a la serie elegida por Dios (al mejor de los mundos posibles), ello no implica que todo suceso sea causado necesariamente. Esto es, aunque la serie esté determinada, no toda causación incluida en la serie es necesaria. Adán pecará, eso es seguro, pero la causa de que efectivamente lo haga, incluida por supuesto en la serie, es su libre determinación por lo que considera mejor, su elección. La causa de un suceso puede ser necesaria o, en algunos casos, libre, dependiendo de qué causa y qué efecto estemos considerando, como claramente puede verse en el ejemplo de Adán. Así, la determinación no es lo opuesto a la libertad, sino que lo es la necesidad y, para ser más exactos, la necesidad absoluta:

> La raíz de la libertad humana reside en la imagen de Dios, pues así como Dios, aunque siempre elija lo mejor —y si se supusiera que hay otro omnisciente, este podría predecir lo que Dios ha de elegir—; sin embargo, elige libremente, porque lo que no elige sigue siendo posible por su propia naturaleza, de modo que su opuesto no es necesario; de la misma manera el hombre es libre, de modo que aunque siempre elija lo que aparece como mejor entre dos cosas, sin embargo, no lo elige necesariamente. Una cosa es, efectivamente, que siempre se pueda dar razón de por qué se elige y otra cosa es que la elección sea necesaria. Las razones inclinan, no imponen necesidad, aunque se siga con certeza aquello hacia lo que inclinan. Por el contrario, como en los animales no se da reflexión, es decir, una acción sobre sí mismo, tampoco se da el decreto libre sobre las propias acciones[16].

---

[15]   Deus praevidebat Adamum esse peccaturum, si in tentationem pomi incideret, cur ergo non mutavit rerum seriem. Respondeo quia Deus sciebat hanc rerum seriem alia fore perfectiorem, ideo non mutavit. At dicis voluit ergo ut Adam peccaret. Respondeo negando consequentiam. At voluit ea ex quibus sequi sciebat Adamum esse peccaturum. Nego, non enim sequebatur Adamum peccaturum, quia libere peccavit. Illud tamen verum est, voluisse ea quibus positis certum erat Adamum esse peccaturum. Hoc negari non potest. Ergo voluit Adamum peccare? Non sequitur. Nam permisit tantum. G. W. Leibniz, 1680-84, *De libertate a necessitate in eligendo* AA VI, 4B, 1451 [OFC 2, 136].

[16]   Radix libertatis humanae est in imagine Dei, uti enim Deus etsi semper optimum eligat, et, si alius fingeretur omnisciux is praedicere posset quid Deus sit electurus, tamen libere eligit, quia id quod non eligit manet sua natura possibile, itaque oppositum ejus non est necessarium. Eodem modo homo liber est, ut licet semper id ex duobus eligat quod

A pesar de que mi elección esté predeterminada y sea, incluso, predecible, ello no la elimina como verdadera elección, pues percibir el bien e inclinarse a él no es contradictorio con ser predeterminado o predecible. Es decir, predecir que si yo (tengo sed y) me encuentro frente al bien (agua) y lo entiendo como tal, me inclinaré por él (beberé), no implica ninguna contradicción. Es así que Leibniz entiende que elección y predeterminación no son mutuamente excluyentes siempre y cuando la elección permanezca contingente, es decir, siempre y cuando su opuesto permanezca posible. De esta forma, no es la predeterminación (o pre-ordenamiento) lo que aniquila la libertad, sino la necesidad absoluta (cuyo opuesto es imposible) y la falta de reflexión o razonamiento, como en el caso de los animales.

Acerca de lo que un poco antes llamé racionalismo fuerte, Leibniz nos indica:

> Dios no quiere el pecado, es decir, lo quiere impedir en la medida que se lo permita la armonía de las cosas. La armonía de las cosas es aquel abismo que refiere Pablo[17], que excede la capacidad de comprensión de la mente humana, aunque nuestra mente sepa que ella existe[18].

Me parece significativa la indicación de Leibniz sobre el hecho de que lo que Dios hace o impide es permitido por la armonía de las cosas. El «abismo» que limita la acción de la voluntad divina es, como dije antes, la explicación de que a la voluntad divina no le corresponda ni construir ni modificar a los posibles considerados en el entendimiento divino, es decir, es el fundamento de la IPMD.

1686-1716

El *Discurso de Metafísica* (1686) constituye, como muchas veces ha sido dicho, el momento en la producción filosófica leibniziana en el que se pueden ya apreciar la mayor parte de los elementos que resultarán definitivos en su explicación total de la realidad. Un ejemplo de esto lo constituye,

---

optimum apparet, tamen non eligat necessario. Aliud enim est semper rationem reddi posse cur eligat, aliud est necessariam esse electionem; inclinant rationes non necessitant; licet certo sequatur id ad quod inclinant. At cum in bestiis non sit reflexio seu actio in se ipsum adeoque nec decretum liberum de actionibus suis. *Ibid.* 1452 [OFC 2, 137-138]

[17] Epístola a los Romanos, 11, 33.: ¡Oh profundidad de los tesoros de la sabiduría, y de la ciencia de Dios: cuán incomprensibles son sus juicios, cuán insondables sus caminos!

[18] Deus non vult peccatum, id est vult ipsum impedire, quantum per rerum harmoniam fieri potest. Ille abyssus Pauli, est rerum Harmonia, quae excedit captum mentis humanae, etsi mens nostra sciat eam esse. *Op.Cit.* 1451 [OFC 2, 136-137]

precisamente, la solución al problema de la libertad, a la cual Leibniz dedica célebres pasajes de la obra (o, al menos, a sus elementos más importantes). A pesar de esto, me parece que dicha solución se encuentra supuesta a lo largo de la obra y que, por ello, no hay un parágrafo que Leibniz le dedique de forma exclusiva y/o específica. Por esta razón, a continuación, enumeraré, reuniré y explicaré los elementos fundamentales de la solución al problema de la libertad contenida en el *Discurso*. Por supuesto, a lo largo de este proceso relacionaré dichos elementos con la IPMD. En primer lugar, hay que establecer que los elementos de la solución contenida en el *Discurso* son tres: a) el concepto de noción completa de una sustancia individual, b) la posibilidad de conexiones contingentes dentro de la noción completa y c) la relación entre la noción completa de una sustancia individual y la voluntad divina. Podemos encontrar estos elementos (principalmente) en los parágrafos 8, 13 y 30 respectivamente.

a) Concepto de noción completa de una sustancia individual:

Al inicio del presente capítulo establecí, a partir del parágrafo 8 del *Discurso*, cómo es que la IPMD es fundamento de cada una de las nociones completas de cada una de las sustancias individuales existentes (y de los posibles no-existentes). Asimismo, establecí cómo esa misma noción completa es fundamento tanto de la espontaneidad con la que actúan todas las criaturas, como de la inteligencia (elección) con la que sólo algunas de ellas pueden hacerlo. Es decir, cómo la noción completa es fundamento y explicación de la libertad. Por esta razón, expondré en este apartado únicamente aquello que resulte pertinente a fin de relacionar el concepto de noción completa con los otros dos elementos de la solución al problema de la libertad. Además de la relación entre los conceptos de noción completa, IPMD, espontaneidad, inteligencia y libertad, el parágrafo 8 del *Discurso* ofrece una indicación sobre la forma general que la solución al problema de la libertad debe tener. Frente a la dificultad que representa distinguir entre las acciones de Dios y las de las criaturas (incluidas, por supuesto, las acciones libres), Leibniz menciona dos modelos de solución o posturas posibles: «En efecto, hay quienes creen que Dios lo hace todo, mientras que otros imaginan que no hace más que conservar la fuerza que ha proporcionado a las criaturas; lo que sigue a continuación hará ver en qué medida puede afirmarse una u otra cosa»[19].

---

[19]   Car il y en a qui croyent que Dieu fait tout, d'autres s'imaginent, qu'il ne fait que conserver la force qu'il a donnée aux creatures: la suite fera voir combien l'un ou

La primera postura, la cual Leibniz atribuía a Malebranche, implica que las criaturas propiamente no actúan y, por tanto, no hay necesidad de distinguir entre un tipo de acción y otro, sino de aclarar cómo es que, en realidad, todas las acciones pertenecen a una misma y única especie. En cuanto a la segunda postura podemos, por la terminología usada, saber que Leibniz la atribuía a Descartes e implica la idea de que, de alguna forma, sí hay una distinción real entre la actividad de las criaturas y la divina. Es importante hacer notar que, desde el inicio, la intención de Leibniz no es necesariamente probar la falsedad de ambas posturas, sino ver en qué medida puede afirmarse una u otra cosa. La primera postura se identifica con las explicaciones que, al inicio de este trabajo llamé de forma general DHT (Dios hace todo), y resulta, por tanto, incompatible con la posición leibniziana. En el caso concreto del ocasionalismo, Leibniz consideraba que la constante intervención de Dios en el curso del universo, implicaba la ausencia de un «plan» que incluyera todos los sucesos posibles y de su correspondiente decreto, es decir, implicaba la concepción de un Dios que no es ni omnisciente ni omnipotente. Obviamente esta no puede ser la forma general de la solución que buscamos pues, al no existir acciones realmente propias de las criaturas en general, desaparece la posibilidad de las acciones libres en particular. La segunda postura se identifica con las explicaciones que, al inicio de este trabajo llamé de forma general DNHT (Dios no hace todo), y, por este motivo, es mucho más cercana a la posición de Leibniz. Esta segunda postura implica que, de alguna forma, existen funciones o características en las criaturas que no son absolutamente producidas por Dios. Leibniz aceptará que existe esta distinción de funciones, aunque no concederá en que la función de Dios en el universo consiste en conservar la fuerza de las criaturas (al menos no en esos términos). Sabemos, además, que la explicación cartesiana de la creación tenía, a ojos leibnizianos, el gravísimo defecto del necesitarismo absoluto, pues Descartes sostenía que todos los posibles se realizan o realizarán, acabando con ello con la contingencia de lo creado.

---

l'autre se peut dire. G. W. Leibniz, 1686, *Discours de Metaphysique* AA VI, 4B, 1539-1540 [OFC 2, 168].

b) Posibilidad de conexiones contingentes dentro de la noción completa:

Mediante el concepto de noción completa de una sustancia individual se elude la dificultad que, con respecto a la libertad humana, parecen implicar la omnisciencia y omnipotencia de Dios pues, al estar esta fundada por la IPMD, se asegura que la sustancia individual pueda actuar espontáneamente, esto es, pueda actuar desde sí misma y no desde o a partir de un principio exterior, abriéndose con ello la posibilidad de la libertad. Sin embargo, el concepto de noción completa nos pone frente a una nueva dificultad: si todo lo que puede ocurrir y ocurrirá a una sustancia individual está ya contenido en su noción completa, parece que la libertad es imposible y que lo que en realidad hay es fatalidad o necesidad absoluta. Leibniz identifica y ataca este problema en el parágrafo 13 del *Discurso*:

> Ahora bien, nosotros sostenemos que todo lo que debe suceder a alguien está ya comprendido en su naturaleza o noción, como las propiedades lo están en la definición del círculo. En este caso la dificultad subsiste todavía. Para resolverla de verdad, afirmo que la conexión o consecución es de dos tipos; una es absolutamente necesaria, cuyo contrario implica contradicción, y esta deducción tiene lugar en las verdades eternas, como son las de la geometría; la otra es no necesaria, salvo ex hypothesi, y por así decirlo, por accidente, pero en sí misma es contingente, ya que lo contrario no implica contradicción[20].

La solución depende, principalmente, de establecer una distinción entre lo cierto o seguro o determinado y lo necesario absolutamente[21]. Absolutamente necesario es aquello cuyo contrario es imposible pues implica contradicción. Su opuesto es lo contingente, es decir aquello cuyo contrario no implica contradicción y, por tanto, es posible. En cambio, la determinación (o certeza o seguridad) consiste en la relación que cada cosa o suceso tiene con la razón que la produce. En otras palabras, todo lo que sucede está determinado pues nada sucede sin razón y, dado que

---

[20]   Or est il, que nous soutenons que tout ce qui doit arriver à quelque personne est deja compris virtuellement dans sa nature ou notion, comme les proprietés le sont dans la definition du cercle. Ainsi la difficulté subsiste encor. Pour y satisfaire solidement, je dis que la connexion ou consecution est de deux sortes, l'une est absolument necessaire, dont le contraire implique contradiction, et cette deduction a lieu dans les verités éternelles comme sont celles de Geometrie; l'autre n'est necessaire qu'ex hypothesi, et pour ainsi dire par accident, mais elle est contingente en elle même, lors que le contraire n'implique point. *Ibid.* 1546-1547 [OFC 2, 173]

[21]   En cuanto a las distinciones que a continuación se establecen Cfr. *Définition de liberté*, GP VII, 108 y ss. [Roldán, 207 y ss.]

cada cosa o suceso procede de una razón específica (pues no cualquier razón produce cualquier cosa o suceso), todo lo que sucede y está determinado está, por ello mismo, ordenado. Lo contrario a lo determinado es lo indiferente (indeterminado) y consistiría, si pudiera existir, en aquello que sucede sin razón[22]. Con esto en mente, Leibniz puede atacar el problema. La noción completa de cada una de las sustancias individuales está perfecta y completamente determinada, pues cada una de las conexiones que la componen procede de una razón correspondiente, haciendo imposible que dicha noción se desenvuelva desordenada o azarosamente (indiferentemente). Sin embargo, esto no implica que las conexiones que componen a una noción completa sean todas iguales, pues de algunas de ellas su contrario es posible, es decir son contingentes, mientras que en otros casos la conexión es tal que su contrario es imposible, es decir, son necesarias. De esta forma la noción completa de cada una de las sustancias individuales (de las criaturas) contiene acciones necesarias y acciones contingentes. Dentro de estas últimas se encuentran, finalmente, aquellas que son producidas o, mejor, que tienen por causa una elección (entender el bien), las cuales son posibles únicamente en una criatura racional, en otras palabras, las acciones libres.

c) Relación entre la noción completa y la voluntad divina:

Si Dios no es la causa del contenido de las nociones completas de las criaturas, entonces ¿cuál es su función dentro de la explicación de la libertad humana? Tal como dije un poco antes, la solución de Leibniz implica que DNHT, y en esto se acerca a Descartes y se aleja de Malebranche, sin embargo, obviamente, ello no implica que Dios no haga nada y que la libertad sea un fenómeno absolutamente independiente. ¿En qué consiste el aspecto dependiente de la libertad? Veamos. En el parágrafo 30 del *Discurso* Leibniz nos indica:

> Dios, cuando concurre a nuestras acciones, ordinariamente no hace más que seguir las leyes que Él ha establecido, es decir, conserva y produce continuamente nuestro ser, de modo que los pensamientos nos llegan espontánea o libremente en el orden en que los tiene la noción de nuestra sustancia individual, en la cual se los podía prever desde toda la eternidad[23].

---

[22]   Que desconozcamos la razón de algo no implica, de forma alguna, que no la tenga. La indiferencia es un fenómeno mental producido por nuestra limitación natural.

[23]   Dieu en concourant à nos actions, ordinairement ne fait que suivre les loix, qu'il a establies, c'est à dire il conserve et produit continuellement nostre estre en sorte,

Si conservar y producir nuestro ser implicara configurar o elegir las acciones que las criaturas realizarán, entonces no se podría decir que en dichas acciones cabe la espontaneidad y, mucho menos, la libertad pues la configuración y/o elección anularía la posibilidad real de las criaturas de actuar desde sí mismas. De esta forma, la creación continua consiste en elegir y conservar en la existencia (simultáneamente) aquello que a Dios le ha parecido mejor (el mejor de los mundos posibles), no debido a que Él mismo lo haya diseñado, sino debido a que lo ha considerado tal como puede ser y tal como desde la eternidad se le puede prever. A la par, ser libre consiste en producir, desde mi propio fondo predeterminado, acciones cuya razón en la serie que me constituye es la inteligencia (claro entendimiento del bien-fin): «Se ve también que toda sustancia tiene una perfecta espontaneidad (que deviene libertad en las sustancias dotadas de inteligencia), que todo lo que le acontece es algo que sigue a su idea o a su ser, y que no la determina nada, salvo sólo Dios»[24].

La idea de que una acción libre pueda serlo dentro de una serie predeterminada se constituirá en la pieza principal de la solución leibniziana. Esto es posible gracias al hecho de que, aunque predeterminadas, las acciones provienen del fondo de la sustancia individual, esto es, se generan espontáneamente. Así, la sustancia verdaderamente actúa desde sí misma pues, gracias a la IPMD, no es, en cuanto al contenido de sus acciones, determinada por ningún factor exterior. Por supuesto, esta idea generó resistencia y sorpresa entre muchos de los interlocutores de Leibniz. En 1690 responde a las dudas que el padre Faradella[25] plantea a su solución en *Comunicación de las discusiones con Faradella*. Seguiré el formato de la obra, esto es: Proposición (Leibniz), Duda (Faradella), Declaración (Leibniz). En primer lugar, Leibniz expone de forma sintética cómo es que la predeterminación de las acciones no es, en su opinión, contradictoria con la libertad:

---

que les pensées nous arrivent spontanement ou librement dans l'ordre que la notion de nostre substance individuelle porte, dans la quelle on pouvoit les prevoir de toute eternité. *Ibid.* 1575 [OFC 2, 194].

[24] On voit aussi que toute substance a une parfaite spontaneité (qui devient liberté dans les substances intelligentes), que tout ce qui luy arrive est une suite de son idée ou de son estre, et que rien ne la determine excepté Dieu seul. *Ibid.* 1581 [OFC 2, 198].

[25] Michelangelo Faradella (1650-1718), matemático y filósofo italiano, sacerdote franciscano.

(Proposición 1) Desde el inicio, Dios ha conocido previamente y predeterminado no sólo la serie infinita de cosas, sino también las infinitas combinaciones posibles de las acciones, pasiones y cambios de las mismas cosas, así como los sucesos libres de las mentes singulares creadas[26].

Por supuesto, esta declaración es interpretada por Faradella como contraria a la libertad. Si las acciones están predeterminadas por Dios, entonces son inevitables, necesarias y no pueden serme atribuidas. De hecho, como en su momento hiciera Séneca, el padre prefiere abrirse a la posibilidad de que Dios ignora una parte de la realidad, esto es, ignora lo que los seres humanos elegirán:

(Duda del R. Padre) No entiendo suficientemente cómo tal presciencia y predeterminación de Dios pueda conciliarse con la libertad de la mente humana. Pues de este modo, todo lo que el hombre hiciese, lo haría necesaria e inevitablemente y como por una razón fatal. Si en la mente humana no hubiese cierto poder de determinarse por sí misma, sino que fuera determinada por otro, en realidad no se daría ninguna libertad fuera de Dios. No es evidente semejante predeterminación, así como también se puede dudar si verdaderamente se da en Dios esta presciencia respecto de las acciones futuras. Y no parece necesaria esta presciencia de Dios, pues ¿qué impide que Dios haya constituido de tal modo las mentes humanas libremente y con su propio poder y deliberación, que no haya predeterminado ni haya conocido previamente sus sucesos libres?[27]

El elemento clave que el padre Faradella no considera es, por supuesto, la IPMD, gracias a la cual es posible entender que la predeterminación de las acciones no tiene por causa la voluntad de Dios, sino que le pertenece originalmente a la criatura (a su posible) y que, luego de considerarla, Dios la ha elegido tal como desde la eternidad ya era:

(Declaración) Es preciso distinguir entre las series posibles de las cosas y las actuales. Dios, a partir de infinitas posibles, ha elegido una cierta serie del universo que consta de infinitas sustancias, de las cuales cada una presenta una infinita serie de operaciones. Por lo cual,

---

[26] Propositio 1

Deus ab initio non tantum infinitam rerum seriem, verum etiam infinitas combinationes possibiles actionum passionum mutationumque ipsarum rerum prae scivit et praedeterminavit, quemadmodum ipsa eventa libera singularum Mentium creatarum. G. W. Leibniz, 1690, *Communicata ex disputationibus cum Fardella* AA VI, 4B, 1666 [OFC 2, 218].

[27] *Ibid.* 1667.

si Dios no hubiese conocido previamente ni preordenado la serie de cosas actuales, se seguiría que habría juzgado en virtud de una causa no suficientemente conocida, y que habría elegido una cosa no suficientemente examinada por Él. Y no pueden exceptuarse de las demás las acciones libres de las mentes [...]. Así como la presciencia de Dios no suprime la libertad, tampoco la preordenación. Por lo demás se debe saber que la mente no se determina por otra cosa sino por sí misma, y que no existe ninguna hipótesis que sea más favorable a la libertad humana que la nuestra. Porque (como es evidente por lo que sigue) una sustancia creada no influye sobre otra, hasta el punto que la mente extrae todas sus operaciones de su propio fondo, aunque su naturaleza esté ordenada desde el principio de tal manera que sus operaciones concuerden con las operaciones de todas las demás cosas[28].

Dios no puede ignorar, ni siquiera parcialmente, lo que elige. Sin embargo, el hecho de que Dios conozca cómo sucederán las acciones y por ello estas queden determinadas, no cambia la naturaleza de las acciones. Las acciones sucederán tal y como lo determinan sus propias condiciones. De esta forma es posible, desde la perspectiva leibniziana, que una acción libre pertenezca a una serie (pre) determinada. Por otro lado, es muy interesante observar cómo aparece una explicación de la realidad en términos muy similares a los de *Monadología*, esto es, en términos de sustancias autónomas «sin ventanas» cuyas relaciones se explican más por coincidencia que por influencia o intervención directa: armonía preestablecida. En la mencionada (y célebre) obra (1714) aparece, en el parágrafo 42, una síntesis de esta misma idea: «Se sigue de ahí también que las criaturas obtienen sus perfecciones del influjo de Dios; las imperfecciones, en cambio, provienen de su

---

[28]   Declaratio
Distinguendum est inter rerum series possibiles et actuales. Deus ex infinitis possibilibus elegit seriem quandam universi constantem ex infinitis substantiis, quarum unaquaeque infinitam operationum seriem exhibet. Quod si autem Deus non praescivisset nec praeordinavisset rerum actualium seriem, sequeretur eum causa non satis cognita judicasse, ac rem non satis sibi perspectam elegisse. Neque excipi a caeteris possunt actiones Mentium liberae (...). Itaque Dei praescientia, adeoque praeordinatio libertatem non tollit. Caeterum sciendum est Mentem non ab alio determinari sed a seipsa, neque ullam esse Hypothesin quae magis quam nostra faveat humanae libertati. Quoniam (ut ex sequentibus patet) una substantia creata in aliam non influit, adeoque Mens omnes suas operationes ex proprio suo fundo educit, licet ita ordinata sit ejus natura ab initio ut operationes ejus cum caeterarum rerum ominum operationibus conspirent. *Ibid.* 1667-1668 [OFC 2, 218-219].

propia naturaleza, incapaz de existir sin límites. En esto, precisamente, se distinguen de Dios»[29].

En primer lugar, se establece una diferencia entre aquello que en la criatura es dependiente con respecto a Dios, esto es, lo que en el texto es referido como perfecciones. A continuación, se indica que, además, en las criaturas hay algo que es independiente en la medida en que procede de su propia naturaleza, la cual debe de ser de cierta forma anterior o independiente o, de otra forma, la referencia a su propia naturaleza carecería de sentido. De esta fuente provienen, pues, los límites o determinaciones de las criaturas, aquello que las distingue de Dios, esto es, su propia identidad. De esta forma, la identidad de cada una de las criaturas no proviene de aquello que depende de Dios absolutamente, sino de aquello que es independiente de Él. Entre las infinitas identidades independientes existen, finalmente, algunas cuyas determinaciones consisten, precisamente, en el hecho de que algunas de sus acciones tienen como causa la clara consideración del bien-fin (elección), esto es, son libres.

---

[29] Il s'ensuit aussi que les Creatures ont leur perfections de l'influence de Dieu, mais qu'elles ont leur imperfections de leur nature propre, incapable d'être sans bornes. Car c'est en cela qu'elles sont distinguées de Dieu. G. W. Leibniz, 1714, *Monadologie* GP VI, 613 [OFC 2, 333].

Capítulo 4
La solución leibniziana puesta en práctica

El escritor español Juan Benet opinaba que la filosofía es la ciencia que complica las cosas que todo el mundo sabe. Esta afirmación (incómoda afirmación para los filósofos) responde cabalmente a la distancia, frecuentemente amplia, entre la descripción racional de la realidad, tarea principal del gremio filosófico, y la percepción cotidiana que de la misma realidad tiene el hombre de a pie. Es verdad que la distancia ente concepción racional y percepción cotidiana puede ser mayor o menor, dependiendo del tema o problema que se trate. El problema de la libertad constituye uno de los casos en los que podemos observar la máxima distancia entre concepción racional y percepción cotidiana o, para decirlo de otra forma, entre filosofía y sentido común. No creo exagerar. Baste considerar que en el extremo más lejano del sentido común la libertad no constituye prácticamente ningún problema, mientras que en el extremo opuesto la filosofía ha llegado a afirmar que el problema consiste en que la libertad no existe. No es muy difícil entender por qué la descripción racional de la libertad es tan poco popular entre los que no son profesionales de la filosofía: ¿cuál es la necesidad de una explicación racional sobre algo que uso (y por tanto conozco) todos los días? A pesar de esto sabemos que una explicación racional sobre la libertad es pertinente y que su necesidad es análoga a aquella que una persona que trota todas las mañanas tiene de la cardiología.

En el caso de la concepción leibniziana de la libertad la distancia entre sentido común y filosofía es casi insalvable. Podría justificar esta afirmación de varias formas, sin embargo, me parece que la mejor de ellas consiste en señalar el hecho de que la explicación leibniziana de la realidad, dentro de la cual se inserta la explicación sobre la libertad es, en palabras de mismo Leibniz, una explicación determinista. El determinismo es para el sentido común exactamente el opuesto de la libertad.

Me parece que esta es la explicación de que, dentro de las concepciones racionales de la libertad, ya de por sí impopulares, la del filósofo de Hannover sea una de las menos socorridas.

Con esto en mente me propongo comparar las líneas generales de la explicación que Leibniz da al fenómeno de la libertad con lo que he denominado la percepción cotidiana de la libertad (PCL). El objetivo de la comparación será establecer si la solución leibniziana es, como aparenta, absolutamente irreconciliable con la PCL y, en caso afirmativo, proponer algunas ideas que expliquen y/o justifiquen dicha irreconciliabilidad. Para tal efecto, en primer lugar, estableceré una noción de lo que aquí se ha llamado percepción cotidiana de la libertad. A continuación, compararé dicha noción con la solución (o sus partes correspondientes) que Leibniz da al problema de la libertad. En caso de que la comparación resulte en alguna discrepancia intentaré, por último, explicar desde el punto de vista del pensamiento de Leibniz, la causa de dicha discrepancia.

NOCIÓN DE PERCEPCIÓN COTIDIANA DE LA LIBERTAD (PCL)

Es verdad que, si nos diéramos a la tarea de preguntar, podríamos hallar tantas versiones de la PCL como seres humanos están vivos, sin embargo, a pesar de ello, considero que no es imposible (ni un despropósito) establecer una noción que resulte aceptable para la mayoría, en virtud de que dicha percepción contiene elementos comunes, los cuales resultan funcionales independientemente de que éstos sean formulados explícita y conscientemente o no. La noción de PCL que propongo[1] está constituida por el cumplimiento de tres condiciones. Yo me percibo como un ser libre si:

> C1: Puedo considerar que los hechos de la realidad no suceden de forma absolutamente inevitable. De hecho, es suficiente con que algunos de los hechos de la realidad no sucedan de forma absolutamente inevitable.
>
> C2: Existen actos (o acciones) que puedo identificar como míos, en el sentido de que son originados o producidos por mí, no son producidos por el azar ni por coacción de ningún tipo.
>
> C3: Puedo considerarme capaz de haber actuado de una forma distinta a la que de hecho lo hice sin que ello implique o provoque la pérdida de mi identidad, sea parcial o totalmente.

---

[1] Para establecer dichas condiciones sigo a FRANKEL, Lois, «Being Able to do Otherwise: Leibniz on Freedom and Contingency», en WOOLHOUSE (ed.) *Gottfried Wilhelm Leibniz Critical Assessments*, Routledge, London & New York, 1994, p. 284 y ss.

Condición 1: Contingencia

La primera condición de la PCL consiste en el conocimiento o consciencia de que los hechos o, al menos, algunos de los hechos que constituyen la realidad (sea que se le considere en conjunto o bien como hechos independientes) no suceden de forma inevitable. ¿Podríamos decir que C1 se identifica con el concepto de contingencia? Veamos. Consideremos el opuesto de C1, es decir, consideremos que todos los hechos que constituyen la realidad suceden de forma inevitable. Para que los hechos considerados fueran realmente inevitables resultaría indispensable que su opuesto fuera imposible, es decir, que la existencia de su opuesto implicara una contradicción. Si el opuesto no implica una contradicción entonces su realización permanece como posible (independientemente de la dificultad que implique) y, por lo tanto, el hecho no es realmente inevitable. Es, por ejemplo, inevitable que un triángulo esté constituido por tres lados, pues su opuesto (un triángulo no constituido por tres lados) implica una contradicción. A la característica de un hecho de suceder de forma inevitable debido a la imposibilidad de su opuesto se le conoce como necesidad y es, como acabamos de observar, el opuesto de C1. Podemos, pues, identificar C1 con el concepto de contingencia (opuesto a necesidad) y podemos, además, reformularlo de la siguiente manera:

> C1: El conocimiento o consciencia de que los hechos (al menos, algunos de los hechos) que constituyen la realidad no suceden de forma inevitable debido a que su opuesto no resulta imposible, pues no implica contradicción.

En *Conversación acerca de la libertad y el destino* (1699-1703) podemos encontrar las definiciones de Leibniz de necesario y contingente en términos de posibilidad o imposibilidad del opuesto:

> Necesario es aquello cuyo opuesto o no ser es imposible o implica contradicción, o bien aquello que no podría no ser; y contingente es lo que puede no ser o cuyo no ser no implica contradicción alguna. Por consiguiente, todo el universo y cuanto en él se encuentra es contingente y podría ser de otra manera[2].

---

[2] Necessaire est [ce qu'il est impossible de ne pas estre] ce dont l'opposé ou le non estre est impossible ou implique contradiction, ou bien necessaire est ce qui ne sauroit ne pas estre. [Quand il est impossible que quelque chose ne soit pas, on dit que cela est necessaire]; et contingent est ce qui peunt ne pas ester <, ou don't le non ester nímplique aucune contradiction. Par consequent tout lúnivers et tout ce qui s'y trouve

En esta primera instancia, la consideración leibniziana es compatible con la PCL: el universo podría ser de otra manera, es decir, los hechos que lo constituyen no suceden de forma inevitable. Sin embargo, aclara Leibniz, la contingencia de este universo requiere de la realidad (no la existencia) de un número infinito de universos posibles, de entre los cuales el universo existente ha sido elegido:

> Sin embargo, si un solo modo del universo fuera posible o si todo posible se realizase, el universo sería necesario; tal es la opinión de Hobbes, de Spinoza, de algunos clásicos y acaso la de Descartes. Pero como no resulta convincente —ni siquiera posible— que todas las ficciones contenidas en las novelas acaben por convertirse en historias verídicas y tengan lugar en algún mundo debe prevalecer el parecer —tanto por ésa como por otras muchas razones— de que el mundo o el universo podría estar configurado de infinitas maneras y que Dios ha escogido la mejor de entre ellas[3].

Podemos afirmar que el concepto leibniziano de contingencia está constituido por dos elementos. En primer lugar, un número infinito de universos que son posibles, es decir, no contradictorios, que difieren cualitativamente entre sí. En segundo lugar, la elección por parte de Dios, con base en la diferencia cualitativa, de uno de los infinitos universos posibles, esto es, la elección del universo actualmente existente. Dados estos elementos, el concepto leibniziano de contingencia comienza a alejarse de la PCL ya que una vez realizada la elección divina se introduce cierta necesidad la cual, si bien no es absoluta, sí implica que la posibilidad contenida en el universo elegido se realizará de forma completamente cierta:

> Esta es la razón por la que, hablando con propiedad, todo el mundo y cuanto sucede es contingente, siendo así posible afirmar que todas las cosas del mundo carecen de necesidad absoluta, aunque no adolezcan de necesidad hipotética o de relación[4].

---

est contingent et pourroit ester autrement. G. W Leibniz, 1699-1703, *Conversation sur la liberté et le destin*, Grua, 478 [Roldán, 24].

[3] Mais > si une seule maniere de lúnivers estoit possible, ou bien si tout possible arrivoit, l'univers seriot necessaire; et c'est l'opinion de Hobbes, de Spinosa, < de quelques anciens, > et peut estre de M. Des Cartes. Mais comme il n'est point croyable <, ny même posible, > que tous les Romans arrivent ensemble et deviennent des histories veritables dans quelque monde, il faut juger par là, et par bien des raisons, que le Monde ou l'univers pouvoit estrefait d'une infinité de façons, et que Dieu en a choisi la meilleure. *Id.*

[4] C'est pourquoy absolument parlant < tout chose de fait, tout > le Monde et tout ce qui y arrive est contingent [et sans necessité absolue] <, et l'on peut dire que toutes les

Contingencia y azar no son sinónimos. Lo contingente es aquello cuyo opuesto permanece posible o no contradictorio. Lo azaroso es aquello que no tiene causa o, al menos, aquello que consideramos carente de causa debido a que no poseemos conocimiento suficiente. Así, lo contingente no tienen que proceder azarosamente para serlo y resulta perfectamente compatible con una serie determinada de causas y efectos correspondientes, la cual, aunque sucederá de forma cierta, no es necesaria mientras su opuesto permanezca posible. Esta serie predeterminada de causas y efectos es el resultado de la elección divina del universo existente entre los infinitos universos posibles: «Ya que, al haber escogido Dios en un momento determinado esta avenencia y previendo o, mejor, regulándolo todo de antemano, puede decirse que todo es necesario hipotéticamente o con arreglo a esta suposición [...]»[5]. De esta forma ninguno de los hechos existentes resulta absolutamente inevitable pues, como hemos dicho, su opuesto es y permanece posible (aunque no se realice), y esto no obsta para que todo esté predeterminado o, si se quiere decir así, para que todos los hechos existentes sean necesarios hipotética o condicionalmente.

Condición 2: Propiedad sobre los actos

La segunda condición de la PCL consiste en la posibilidad de identificar, de entre todos los actos, aquellos que se pueden considerar míos. Dicha identificación requiere, a su vez, de la reunión de tres condiciones:

> C2a: Que los actos sean originados por mí, en el sentido de que sean intencionales.
> C2b: Que los actos no sean producidos por el azar
> C2c: Que en la producción u origen del acto no intervenga coacción alguna.

A pesar de que desde el punto de vista de la PCL estas tres condiciones aparecen como relacionadas pero independientes, si analizamos cuidadosamente cada una de ellas encontraremos que es posible reducirlas a C2a. Veamos. Si yo puedo saber que el acto en cuestión es originado por mí, entonces puedo saber, al mismo tiempo, que no han

---

choses du monde sont sans necessité absolue, mais ells ne sont pas sans toute necessité hypothetique ou de liaison. *Id.*

[5]   Car > Dieu ayant une fois choisi cet arrangement, et prevoyant ou plus tost reglant tout par avance, on peu dire que < cela pose > tout est necessaire hypothetiquement ou suivant cette supposition [...]. *Id.*

sido originados por el azar. Si consideramos que aquello que ocurre al azar es aquello que carece de causa (o al menos, cuya causa es desconocida), entonces ocurrir al azar es incompatible con C2a pues esta indica que el acto tiene su origen mí (aunque el cómo tiene su origen en mí no sea del todo claro hasta aquí). Así, C2b puede reducirse a C2a. El caso de C2c es similar. ¿Cuál es el problema para la PCL que la coacción representa? Intuitivamente sabemos que un acto en el que, para su realización, ha intervenido coacción, no puede ser atribuido al que realiza (agente), sino al que coacciona. Supongamos que voy por la calle y alguien se me acerca y me detiene. A continuación, me grita: «dame tu reloj». Yo, que no tengo intenciones de quedarme sin reloj, me niego. Él, como respuesta, saca una pistola, me apunta y repite: «dame tu reloj» y agrega: «o te mueres». Yo, que no tengo intenciones de morir o resultar herido, desabrocho la correa y le entrego el reloj. Él se va. Cuando rindo declaración frente a la autoridad correspondiente le indico que me han quitado mi reloj, que me lo han robado, a pesar de que fui yo quien desabrochó la correa y entregó el objeto. Incluso, si el hecho hubiese sido video grabado, a nadie le parecería pertinente señalar que nadie me robó el reloj, sino que fui yo quien lo entregó. Aunque en este punto no sea muy claro cómo sucede, sí es claro que la coacción traslada el origen del acto al que coacciona, volviéndose imposible atribuir absolutamente el acto al «agente» (en este caso, a mí) y, por tanto, incapacitándonos para reconocerle como un acto propio y, sobra decirlo, libre. De esta forma podemos también reducir C2c a C2a. Sin embargo, es ahora necesario explicar de forma más detallada en qué consiste C2a. Esta explicación se impone ya que, como pudimos ver al analizar C2c, el hecho de que realice un acto (como entregar un reloj) no se identifica completamente con el hecho de que el acto sea originado o producido por mí, es decir, que sea un acto producido intencionalmente, circunstancia a la que C2a se refiere. ¿Qué quiere decir *ser originado por mí*, desde el punto de vista de la PCL? No quiere decir, como vimos, todos aquellos actos en los que intervengo. En el caso del reloj podemos sostener que hay conocimiento o conciencia del acto pues yo entiendo qué es un reloj y entiendo en qué consiste la acción de entregarlo y, sin embargo, este conocimiento o conciencia del acto no nos permite atribuírmelo (al menos no plenamente). Desde la perspectiva de la PCL, el acto no puede ser atribuido, a pesar de haber conocimiento o conciencia, pues no existe elección o decisión sobre el acto elegido. En este caso elegir implica o se identifica con la existencia o consideración de opciones las cuales se van descartando hasta restar únicamente una de ellas[6]. Únicamente aquellos actos que son producidos a partir de la elección sobre lo conocido, pueden considerarse propiamente intencionales, producidos u originados por mí. Únicamente en estos casos se puede considerar que estoy actuando plenamente yo. Mientras más clara sea la presencia de la conciencia y la elección, más clara será la propiedad del acto por parte del agente. Dado lo anterior podemos reformular C2, la cual contiene ahora solamente una condición (C2a):

> C2: Puedo identificar como propios todos aquellos actos que son originados por mí, es decir, todos aquellos actos que se producen a partir de una elección mía sobre un acto (previsto) u objeto conocido, todos aquellos actos que son, pues, intencionales.

En una primera instancia, la postura de Leibniz acerca de la propiedad de los actos es semejante a la postura de la PCL, en el sentido de que también para el filósofo de Hannover es necesario determinar cuándo se dan las condiciones para establecer que quien realiza la acción soy propiamente yo. Pero desde este punto de partida, la postura leibniziana se aleja considerablemente de lo que el sentido común usualmente indica. Resulta por ello interesante señalar que, a pesar del mencionado distanciamiento, la postura de Leibniz es capaz de cumplir con las tres condiciones (C2a, C2b y C2c) que indicamos para la propiedad de los actos desde la perspectiva de la PCL. Como he indicado con anterioridad, la propiedad de los actos libres, de acuerdo con Leibniz, se puede establecer en la medida en que se cubren dos requisitos:

a) Que la acción en cuestión se produzca espontáneamente, lo cual, en términos de Leibniz, implica que dicha acción esté contenida (predeterminada) en la noción completa de quien la realiza (la sustancia que la realiza) y fluya desde ahí sin constricción alguna. Que una acción está efectivamente contenida en una noción completa específica, desde el punto de vista humano no puede ser fácilmente conocido a priori (antes de que la acción suceda) y es, en cambio, evidente a posteriori (cuando la acción sucede o ha sucedido).

b) Que la acción en cuestión tenga a la inteligencia como causa dentro de la sucesión causal predeterminada de la noción completa o, en

---

[6]   En nuestro ejemplo la única opción que resta y que es elegida es conservar la vida y/o la integridad física y no, por supuesto, entegar el reloj, lo cual no se elige (se soporta) como una consecuencia de mi elección.

otras palabras, que sea causada por una elección, lo cual en términos de Leibniz se define como inclinarse por una clara representación interna del bien-fin.

Resulta interesante hacer notar que Leibniz establece una relación entre las acciones causadas por la inteligencia y la autodeterminación y, por otro lado, entre las acciones producidas por causas diferentes a la inteligencia y la heterodeterminación:

> Las sustancias son más perfectas cuanto más autodeterminadas y alejadas de la indiferencia están. Ya que, al hallarse constantemente determinadas, tal determinación provendrá de sí mismas, siendo, por tanto, más poderosas y perfectas, o la obtendrán del exterior, viéndose obligadas entonces a servir de mediación a otras cosas. Cuanto más se actúa siguiendo a la razón, tanto más libre se es, acrecentándose la servidumbre cuando se obra en función de las pasiones[7].

Por último, es importante destacar que, tal como se dijo antes, las condiciones leibnizianas de la propiedad de los actos son capaces de cubrir también las condiciones establecidas por la PCL ya que mis actos tienen su origen en mi (C2a) en la medida en que proceden de mi noción completa, no se producen al azar (C2b) pues a cada uno le corresponde una causa en la sucesión determinada de mi noción completa y no son producidos mediante coacción alguna (C2c) ya que fluyen de forma espontánea (no constreñida) desde mi noción completa.

Condición 3: Pude haber actuado de otra forma...

La tercera condición de la PCL consiste en la capacidad de saber con certeza que el estado presente de la realidad pudo haberse constituido de una forma distinta gracias a una acción (decisión) u omisión de mi parte sin que dicha modificación tenga, a su vez, efectos en mi identidad. En primer lugar, hay que decir que, aunque esta condición parece tener que ver esencialmente con la existencia de opciones, esto no es del todo verdadero. C3 no se refiere al momento presente en el cual, frente

---

[7]   Plus les substances sont determinées par elles mêmes, et eloignées de l'indifference, plus elles sont parfaites. Car estant tousjours determinées, elles auront la determination ou d'elles mêmes et seront d'autant plus puissantes et parfaites, ou elles l'auront de dehors et alors elles seront obligées de servir à proportion aux choses externes. Plus on agit suivant la raison, plus on est libre, et il y a d'autant plus de servitude qu'on agit plus par les passions. G. W. Leibniz, 1692, *Définition de liberté*, GP VII, 110 [Roldán, 208].

a mí, se prefiguran una serie de vías de acción posible (MP1), sino que se refiere al momento presente en el que una de esas vías de acción ha dejado de ser sólo posible y se ha realizado (MP2). La posibilidad de volver mentalmente desde MP2 a MP1 para confirmar que tuve opciones refuerza la idea de que soy causa (al menos parcial) del estado actual de la realidad y que, por tanto, soy responsable (al menos parcialmente) por las consecuencias de alcanzar el estado actual de la realidad. En segundo lugar, se debe indicar la importancia de poder mantener mi identidad. Si al volver mentalmente a MP1 y reconsiderar las otras vías de acción resulta que, en cada una de ellas, de realizarse, yo dejaría de ser yo, la idea de responsabilidad se debilita también, pues el que pudo actuar de otra forma no soy realmente yo y se insinúa cierta necesidad del estado actual de la realidad. Al parecer C3 es una condición de la PCL ya que se supone que si yo no pude haber actuado de otra forma entonces no soy responsable por lo que hice y por cómo lo que hice afecta el estado actual de la realidad.

Desde la perspectiva leibniziana, la posibilidad de que yo hubiera podido actuar de otra forma implicaría que es posible modificar la sucesión determinada que constituye mi noción completa. ¿Es esto posible? La respuesta a la pregunta formulada así tiene que ser no. No hay forma razonable de argumentar, desde el pensamiento de Leibniz, que en algún momento existe la opción de actuar de otro modo sin tener que romper mi propia noción completa, lo cual, en caso (imposible) de darse, implicaría la pérdida de la identidad, la cual está constituida por la integridad de la noción completa. Sin embargo, y sigo aquí a Blumenfeld, es muy importante volver a señalar que la imposibilidad de actuar de un modo distinto no vuelve necesarias mis acciones:

> Lo mismo puede decirse, *mutatis mutandis*, del comportamiento humano. Para todo lo que hacemos, hay una explicación en nuestra noción completa de por qué nos parece lo mejor y, por tanto, de por qué lo hacemos. Sin embargo, un objeto diferente de nuestra voluntad es internamente posible y nuestras acciones son contingentes en sí mismas[8].

[8] The same can be said, *mutatis mutandis*, about human behavior. For everything we do, there is an explanation in our complete concept of why it seems best to us and hence of why we do it. Nevertheless, a different object of our will is internally possible and our actions are contingent in themselves. BLUMENFELD, David., «Freedom, Contingency and Things Possible in Themselves», en WOOLHOUSE (ed.) *Gottfried Wilhelm Leibniz Critical Assessments*, Routledge, London & New York, 1994, p. 310.

Las otras opciones o cursos de acción que no se realizarán no son siempre imposibles (contradictorios) ni impensables, de hecho, estas opciones (que podrían llegar a ser infinitas) que pueden ser consideradas por mí, pero finalmente no son realizadas también forman, de cierto modo, parte de mi noción completa pues juegan un papel en la determinación de la opción que, finalmente se elegirá y/o realizará:

> De hecho, Leibniz diría que la propiedad de que es posible en sí mismo que la voluntad de César tenga otro objeto es tan parte del concepto de César como cruzar el Rubicón. Por tanto, el concepto completo de César contiene la idea de sus acciones libres[9].

Así, me parece, es más claro que la proposición «yo pude haber actuado de otra forma» es falsa siempre, pues, el que actúa de una forma diferente no soy yo sino alguien (otro posible) que, tal vez, se parece mucho a mí. Sin embargo, antes de descalificar la solución leibniziana dada su incapacidad para responder a C3 es prudente analizar esta condición detenidamente. Es verdad que C3 parece un requisito que un ser libre debería de presentar, pero, ¿lo es en realidad? Tal como hemos ya mostrado, la solución leibniziana es capaz de responder, desde sus propios términos, tanto a C1 como a C2 y en ninguno de estos casos fue necesario suponer C3 para hacerlo. ¿Es C3 necesaria? Leibniz nunca reparó en C3, a pesar de que su importancia para la explicación de la libertad parece obvia. ¿Existe alguna razón que explique esta aparente omisión? Me aventuro a decir que sí. Me parece que la razón por la que Leibniz no reparó nunca en C3 consiste en que, en realidad, no es posible saber con suficiente certeza si se pudo haber actuado de otra forma. En concreto, lo único que efectivamente existe es la forma en la que de hecho actué. Es imposible comprobar la afirmación: «yo pude haber actuado de otro modo» pues la evidencia necesaria para hacerlo, esto es, que yo de hecho actúe de forma diferente a la forma en la que de hecho actué, no puede suceder (más allá de la posibilidad o no-contradicción). A pesar de que, en primera instancia, esta postura puede parecer contraintuitiva, Leibniz no es el único que la sostiene. En *No podría haber actuado de otro modo, ¿y qué?*, Daniel Dennett critica el supuesto de

---

[9] Indeed, Leibniz would say, the *property being such that a different object of Caesar's will is possible in itself* is every bit as much a part of Caesar's concept as *crossing the Rubicon*. Hence, Caesar's complete concept contains the idea of his free actions. *Ibid*, p. 311.

que el agente libre, para serlo, debe cumplir con el requisito de haber podido actuado de otro modo (PAO):

> Argumentaré que, al igual que esa gente que es famosa sólo por el hecho de ser famosa, este supuesto debe su tradicional prestigio nada más que a su tradicional prestigio. No ha sido cuestionado casi nunca y, como defenderé posteriormente, la tradición misma encuentra su motivación inicial en poco más que en una extrapolación descuidada a partir de ciertos casos familiares[10].

A pesar de que se abre (o, al menos, no se cierra) a la posibilidad de una explicación indeterminista, con la cual Leibniz jamás podría estar de acuerdo, Dennett coincide con el autor de la armonía preestablecida en cuanto a que no es el principio PAO la condición sine qua non de la posibilidad de atribuir responsabilidad a un agente:

> 'Aquí estoy' dijo Lutero. 'No puedo hacer otra cosa'. Lutero afirmó que no podía hacer otra cosa, que su conciencia tornaba imposible que pudiese renunciar. Podría, ciertamente, estar equivocado, o haber exagerado deliberadamente la verdad, pero incluso si lo estaba – quizá especialmente si lo estaba–, su declaración es un testimonio en favor del hecho de que no eximimos de culpa o de aprecio a alguien simplemente porque pensamos que no podría haber hecho otra cosa. Independientemente de lo que estuviese haciendo, Lutero no estaba intentando esquivar su responsabilidad[11].

Es así que, desde la perspectiva leibniziana, la responsabilidad sobre mis actos deriva del hecho de que estos fluyen espontáneamente desde mi noción completa, teniendo, dentro de la misma noción, a la inteligencia como causa; y no derivan (al menos no esencialmente) de que yo los haya elegido en el momento correspondiente, de entre una serie de opciones sin que haya nada que me determine a la elección más que mi propia capacidad de elegir. Leibniz, como ya se ha mencionado, se aleja de una concepción de voluntad indiferente que es capaz de actuar indetermi-nadamente, sin ninguna razón que la incline, al modo que lo proponen Ockham y, según creía, Descartes, a pesar que ello implique asumir una postura cercana a la de aquellos que sostienen un concepto de libertad que implica la apercepción del flujo de la propia noción, como Spinoza.

---

[10]   DENNETT, Daniel C., «No podría haber actuado de otro modo, ¿y qué?», en CORBÍ y MOYA (ed.) *Ensayos sobre Libertad y Necesidad*, Pre-Textos (Servicios de Gestión Editorial), Valencia, 1997, p. 133.

[11]   *Ibid.* pp. 135-136.

¿Posible reconciliación?

El objetivo que nos planteamos al inicio de este apartado consistía en comparar la solución leibniziana al problema de la libertad con la PCL a fin de averiguar hasta dónde son compatibles y, en caso de ser necesario, por qué no son compatibles. La PCL está compuesta de tres condiciones: contingencia (C1), capacidad de identificar mis propios actos (C2) y la certeza de haber podido actuar de otro modo (C3). La definición leibniziana de libertad también está compuesta de tres elementos: contingencia, espontaneidad e inteligencia. En cuanto a C1 encontramos grandes similitudes con la definición de Leibniz, en la medida en que ambos se desarrollan a partir de considerar la posibilidad o imposibilidad del opuesto de una proposición, acción o suceso. En el caso de C2, la distancia con el pensamiento leibniziano comienza a manifestarse pues, aunque en ambas posturas se considera que debe de haber un criterio para determinar si el acto es mío (si soy yo el que actúa) o no, en el caso de C2 este criterio consiste en la presencia de la elección, independientemente de las circunstancias de dicha elección. En caso de Leibniz el criterio es más complejo: en primer lugar, la acción debe estar contenida en mi noción completa. Esta primera condición queda fuera de lo que le sentido común usualmente indica. En segundo lugar, la acción debe, dentro de la sucesión determinada que constituye mi noción completa, ser causada por la inteligencia. El criterio para determinar la propiedad de un acto de la PCL gira en torno a un acto de la voluntad, en el caso de Leibniz, en cambio, la facultad primordialmente responsable es la inteligencia. Las diferencias son marcadas a pesar de que la postura de Leibniz es capaz de satisfacer las condiciones que C2 establece para sí misma. En cuanto a C3 no hay, como vimos, acercamiento posible. En la explicación leibniziana no hay lugar para la posibilidad de que un ser humano existente haya actuado de una forma diferente y siga siendo el mismo ser humano. Como dije antes, me parece que las discrepancias acerca del asunto se deben a que desde la PCL, por diferentes razones, no se considera seriamente la imposibilidad de saber, de comprobar, si pude haber actuado de otro modo.

Conclusiones

A fin de exponer de forma ordenada los resultados obtenidos a lo largo de este trabajo dividiré este apartado en tres secciones: En el primero indicaré las características generales de la solución leibniziana al problema de la libertad y su relación con la independencia de los posibles en la mente de Dios. En la segunda indicaré si, dadas las características de la mencionada solución, Leibniz debe ser clasificado como un determinista. En la tercera indicaré cómo, me parece, es posible hablar de responsabilidad desde la perspectiva leibniziana.

¿LA ÚNICA SOLUCIÓN?

Al inicio de este trabajo indiqué que una de las características principales de la solución leibniziana consiste en que es, propiamente, una solución. Me parece, cara a lo que se ha mostrado y con el fin de ser justos, que hay que decir que, si aceptamos que el problema está constituido de la forma en que Leibniz lo describe, es la única solución viable. El problema, tal como Leibniz lo describe, está constituido por una proposición principal y nueve proposiciones derivadas:

> Proposición principal: El problema de la libertad sólo puede ser resuelto desde la perspectiva de la creación pues, de otra forma, el enfoque es incapaz de superar el mundo físico el cual está sometido a las leyes correspondientes y, por tanto, está sometido a una necesidad absoluta, incompatible con la libertad.

Proposiciones derivadas: Desde la perspectiva de la creación se revelan los nueve elementos constitutivos del problema (a los que corresponde cada una de las nueve proposiciones), de los cuales los primeros cuatro se refieren a la criatura y los cinco restantes al creador y que deben ser correctamente ordenados y relacionados a fin de que la libertad se revele igualmente posible. Las proposiciones correspondientes son:

1) La criatura es incapaz de existir por sí misma, luego es, con respecto a su existencia, absolutamente dependiente de Dios. Sin embargo, la misma criatura debe ser, en cierta medida, independiente a fin de posibilitar la libertad (IPMD)
2) Debe excluirse la necesidad absoluta del universo en general y de las acciones de las criaturas en particular (Contingencia)
3) Las acciones de la criatura deben originarse (al menos parcialmente) en la misma criatura (Espontaneidad)
4) Algunas criaturas deben ser capaces de autodeterminarse, esto es, deben ser capaces de actuar a partir de la clara representación del bien-fin (Inteligencia)
5) Dios es creador
6) Dios es omnipotente
7) Dios es perfectamente sabio
8) Dios es libre
9) Dios es omnisciente

Establecidos los elementos del problema, explicaré la forma en que Leibniz los articula. Como dije, la solución sólo es viable desde la perspectiva de la creación y, por tanto, desde ahí parte la construcción de la solución. ¿Qué significa que Dios es creador? (5) En términos leibnizianos esto significa que es responsable de trasladar y mantener en la existencia aquello que es. ¿Puede Dios trasladar a la existencia (crear) cualquier cosa? No. Dios solamente puede crear lo que es posible, esto es, aquello que puede ser pensado sin contradicción, pues de otra forma, si Dios pudiera crear lo contradictorio, ello constituiría, más bien un defecto pues lo contradictorio restaría perfección o ser o esencia (aunque podría añadir cantidad). En esta forma se determina la omnipotencia divina (6). Omnipotente quiere decir capaz de realizar todo lo posible. Dios creador y omnipotente ¿crea todo lo posible? No. Si lo que puede existir coincidiera exactamente con lo que existe, surgirían dos inconvenientes: En primer lugar, lo creado sería absolutamente necesario pues ello implicaría que no restaría posibilidad sin realizarse y que, por tanto, nada pudo haber sido de otro modo. En segundo lugar, ello implicaría que Dios no es perfectamente sabio (7), pues no actuaría siguiendo el principio de lo mejor, como le corresponde, sino que simplemente obraría lo único que puede obrar, de forma automática o, una vez más, absolutamente necesaria. Si Dios no crea todo lo posible, entonces ¿qué crea? De acuerdo a lo dicho la respuesta es: Dios crea lo mejor. Al ser sabio y obrar de acuerdo al principio de lo mejor, en primer lugar, se elimina la necesidad absoluta de la creación pues Dios no traslada toda la posibilidad a la existencia y, así, otras formas de ser permanecen posibles, con lo cual todo lo creado está constituido como contingente (2). En segundo lugar, se abre la posibilidad para la libertad de Dios (8) pues, seguir el principio de lo mejor implica elegir, de entre todo lo posible, únicamente lo mejor. Una dificultad obvia: ¿qué es lo mejor? Mejor es, en términos leibnizianos, aquello que contiene más esencia o que es capaz de más con el menor número de principios. Considerando infinitas combinaciones posibles, Dios determina la mejor de todas, esto es, el mejor de los mundos posibles. En esta misma consideración divina quedan, como dije, determinados o fijos todos y cada uno de los elementos y relaciones que constituyen tanto al mejor de los mundos posibles como a los restantes infinitos mundos posibles. Esto es, Dios conoce, de modo perfecto y completo (9) todo lo que sucederá en cualquiera de los mundos posibles en caso de ser llevados a la existencia. Una cuestión importante: ¿el mejor de los mundos posibles es el mejor porque Dios lo ha elegido (a) o ha sido elegido por Dios debido a que es el mejor (b)? Si se responde que (a), entonces la libertad de Dios se esfuma pues ello implica que las características que hacen del mejor de los mundos posibles el mejor son, en realidad causadas (diseñadas) por la voluntad divina, eliminando la posibilidad de una verdadera elección (inclinación a la clara representación del bien-fin) pues, en caso de haber elegido cualquier otro mundo, este también sería el mejor, independientemente de su contenido o características. De esta forma, la respuesta a la cuestión planteada debe ser (b), esto es, que el mejor de los mundos posibles ha sido elegido por ser el mejor, lo cual implica que lo elegido por Dios debe ser, en cuanto a su constitución, independiente de su voluntad (1) pues, de otra forma, Dios tendría que elegirlo para poder elegirlo y esto carece de sentido. Las infinitas criaturas individuales contenidas en el mejor de los mundos posibles dependen de la voluntad de Dios para existir, pero no para ser como son. El conjunto de acciones y pasiones de las criaturas (su identidad) fluye desde sí mismas sin constricción alguna, es decir, espontáneamente (3). Ahora bien, todas las criaturas son espontáneas, pero no todas son libres, sino únicamente aquellas en las que, a partir de la IPMD (1), contienen en su noción completa individual algunas acciones que tienen por causa la clara representación interna del bien-fin, esto es, que son capaces de autodeterminarse (4) sin que ello significque, en ningún momento, que este tipo de acciones están menos predeterminadas[1] que el resto:

> Pero ni esta presciencia ni esta preordenación suprimen lo más mínimo la libertad. Pues Dios, obligado por la suprema razón a elegir entre muchas secuencias de cosas o mundos posibles aquel en el que las criaturas libres tomarían tales o cuales resoluciones, aunque no sin su intervención, ha convertido por ello a todo acontecimiento en cierto y determinado de una vez por todas, sin suprimir por ello la libertad de sus criaturas; este simple decreto de elección no cambia nada, sino que solamente actualiza las naturalezas libres de lo que Él veía en sus ideas[2].

---

[1]   En este polémico y delicado punto resulta interesante la conjetura de Sorabji con respecto a la posible posición de Aristóteles frente al problema de la libertad. Según Sorabji, y en eso parece acercarse a lo dicho aquí, la libertad para Aristóteles no sería contraria a la necesidad sino al azar (indeterminación, indiferencia): «Aristóteles estudia el problema de la libertad en otras partes, pero de la libertad en un sentido distinto, a saber, la libertad política por oposicion a la esclavitud. No obstante, lo que tiene que decir es interesante. En cierta ocasión, traza una analogía que muestra cuán diferentes son los análisis respectivos que hace de la libertad política y de la voluntariedad. Aristóteles no considera que la libertad política se *oponga* a la necesidad. Al contrario, compara las estrellas, que se mueven siempre y *necesariamente* de la misma manera, con los hombres libres (*eleutheroi*) en una comunidad, los cuales son a quienes menos se les permite (*exestin*) hacer cualquier cosa al azar (*ho ti etuche*), y para los cuales casi todo está establecido (*tetaktai*), en tanto que los animales y los esclavos hacen lo que dicta el azar casi todo el tiempo (Metafísica XII 10, 1075ª19-23). Aunque el pasaje se refiere a la libertad política, nos permite conjeturar qué habría dicho Aristóteles si se hubiera pronunciado acerca de la libertad en el sentido del problema de la libertad. Parece que en éste tampoco habria opuesto la libertad a la necesidad. (…) Esto implica que, para Aristóteles, el hecho de acercarse al comportamiento necesario de Dios o las estrellas no implica perder nuestra libertad en el sentido que es aquí relevante.» SORABJI, Richard, *Necesidad, causa y culpa. Perspectivas sobre la teoría de Aristóteles*, SALLES (trad.), UNAM, México, 2003, p. 353.

[2]   Mais ny cette prescience ny cette preordination ne derogent point à la liberté. Car Dieu, porté par la supreme raison à choisir entre plusieurs suites des choses ou mondes possibles caluy où les creatures libres prendroient telles ou telles resolutions, quoyque non sans son concours, a rendu par là tout evenement certain et determine une fois par toutes, sans deroger par là à la liberté des ces creatures: ce simple decret du choix, ne changeant point, mais actualisant seulement leur natures libres qu'il y voyoit dans ses idées. G. W. Leibniz, 1716, *Leibniz'fünfter Schreiben an Clarke (18/08/1716)* GP VII, 390 [Rada, 100].

¿LEIBNIZ DETERMINISTA?

Desde que el problema de la libertad fue ubicado por primera vez en occidente, la terminología que hemos usado al respecto ha sufrido transformaciones. Actualmente identificamos tres posturas generales posibles al respecto: determinismo, libertarismo y compatibilismo[3]. Es posible describir cada una de estas posturas a partir de su aceptación o negación de un grupo de afirmaciones, las cuales constituyen los elementos fundamentales del problema de la libertad. Las afirmaciones son las siguientes:

1) La tesis del determinismo es verdadera. Esto es, la tesis de que todo está causalmente determinado es verdadera.
2) Si la tesis del determinismo es verdadera, entonces no hay actos libres.
3) Dados 1 y 2, entonces, no hay actos libres.
4) Si no hay actos libres, entonces nadie es responsable de sus actos.
5) Dados 1, 2, 3 y 4, entonces, nadie es responsable de sus actos.

Las diferentes posturas se constituyen de acuerdo al siguiente esquema:

Afirmación	Determinismo	Libertarismo	Compatibilismo
1	Acepta	Rechaza	Acepta
2	Acepta	Acepta	Rechaza
3	Acepta	Rechaza	Rechaza
4	Acepta	Acepta	Acepta
5	Acepta	Rechaza	Rechaza

[3] Para la descripción de determinismo, libertarismo y compatibilismo sigo a CORNMAN, PAPPAS Y LEHRER en *Introducción a los problemas y argumentos filosóficos*, CASTILLO, CORRAL Y MARTÍNEZ (trad.), UNAM–IIF, México, 2012, p. 154 y ss.

Como puede observase, desde esta perspectiva, una postura determinista sería aquella que acepta las cinco afirmaciones. En este sentido resulta interesante señalar que Leibniz únicamente aceptaría 1 y 4. Veamos. Por supuesto, Leibniz aceptaría 1, en el sentido de que aceptaría que todo tiene una causa o, de forma más exacta, que todo tiene una razón o que nada se hace sin razón. Esto es, en la perspectiva leibniziana, 1 estaría cubierto, principalmente, por la formulación del Principio de Razón Suficiente. Por otro lado, Leibniz (como explicaré con más detalle un poco más adelante) relacionaría indisolublemente la posibilidad de realizar actos libres con la responsabilidad sobre ellos, esto es, 4. Más interesante aún resulta el hecho de que rechazaría 2, 3 y 5. En cuanto a 2 en primer lugar, como sabemos, no veía en el hecho de que todo esté determinado un obstáculo para la libertad pues no consideraba que la determinación de los sucesos implicara necesidad absoluta ya que consideraba que el opuesto de la serie de sucesos actuales o existentes permanece (y permanecerá) como posible pues no implica contradicción: de esta forma la concatenación o serie determinada de los sucesos actuales o existentes es contingente. En segundo lugar, Leibniz identifica claramente lo que parece ser el principal obstáculo del determinismo con respecto a la libertad. Esto es, que si la serie causal que incluye mis acciones está (pre) determinada ello parece implicar que dicha serie excede mis propios límites y, por tanto, parece que mis acciones son causadas por algo fuera de mí, con lo cual la posibilidad de los actos libres parece desaparecer. Leibniz disuelve esta dificultad por medio, precisamente, de la IPMD, sobre la cual construye el concepto de noción completa de una sustancia individual, con lo cual, la serie casual que incluye mis acciones es precisamente lo que constituye mis límites y, por tanto, mi identidad, la cual se desenvuelve en perfecta armonía con las otras identidades del universo existente o, en palabras de Leibniz, del mejor de los mundos posibles. A partir de lo dicho sabemos también que Leibniz rechazaría 3. Los seres racionales son capaces de actuar libremente, esto es, contingente, espontánea e inteligentemente (determinándose por la representación del bien-fin), si bien, al mismo tiempo, de forma perfectamente determinada. Por último, a partir del gran interés y esfuerzo que dedicó al estudio y esclarecimiento de las cuestiones prácticas (ética, derecho, política, etc.), resulta claro que Leibniz rechazaría 5. Sin embargo, cómo es que los seres racionales somos responsables por nuestros actos es un asunto tan importante en sí mismo, que le dedicaré un apartado exclusivo a continuación. Por lo pronto y para concluir habrá que dejar dos cosas en claro: en primer lugar, que, dentro de la discusión actual sobre el problema de la libertad, Leibniz no debe ser considerado un determinista. En segundo lugar, que, de acuerdo a los requisitos de dicha discusión, la postura de Leibniz debe ser más bien considerada compatibilista, con la salvedad de que ofrece su propia formulación tanto de 1 como de 5.

RESPONSABILIDAD SOBRE MIS ACTOS

El tema de la responsabilidad sobre los propios actos es uno de los más delicados y difíciles dentro del pensamiento leibniziano. Esto se debe a que muchos de los elementos de la explicación leibniziana general de la realidad, en primera instancia, parecen eliminar la propiedad sobre los actos y, por tanto, la responsabilidad sobre los mismos. A lo largo de este trabajo he mostrado la forma en la que dichos elementos pueden ser compatibles con la propiedad y responsabilidad sobre los actos. A continuación, expondré, sintéticamente, el modo en que esta compatibilidad es posible desde el punto de vista de Leibniz.

Parece que no somos responsables de nuestros actos debido al siguiente argumento (al que en adelante llamaré Argumento de no-responsabilidad ANR):

1) Todos mis actos están predeterminados y, por tanto, no está en mi poder producirlos o evitarlos.
2) Yo solamente puedo asumir responsabilidad sobre aquello que está en mi poder.
3) Dados 1) y 2), no soy responsable de mis actos.

En esta primera formulación se encuentran expuestas las dificultades generales que se derivan de tratar de conciliar la determinación universal y la libertad (y, por tanto, la responsabilidad). Leibniz concedería la premisa menor, pero negaría definitivamente la mayor y esto en virtud de que estaba convencido de que el hecho de que mis actos estén predeterminados no implica que se encuentren fuera de mi poder. A fin de explicar cómo es posible esto es necesario superar dos dificultades: *Predeterminado* no implica que las acciones no tengan su origen en mí, como parece. *Predeterminado* no implica que las acciones han sucedido antes de ser realizadas por mí o sucederme a mí, como parece.

Uno de los primeros requisitos que la responsabilidad exige consiste en la propiedad de mis actos, en el sentido de que los actos que han de serme atribuidos deben, efectivamente, ser producidos por mí.

Usualmente se da por supuesto que, si mis actos están predeterminados, lo están por alguien más, alguien que no soy yo. Usualmente Dios. Es por esta razón que la predeterminación parece oponerse a la propiedad y por lo tanto, a la responsabilidad sobre mis actos, Que mis actos estén predeterminados por Dios se puede entender de dos formas:

1) Dios predetermina mis actos si es la causa de que la serie específica de acciones y pasiones que me constituyen (identidad) exista.

2) Dios predetermina mis actos si es la causa de que la serie específica de acciones y pasiones que me constituyen (identidad) sea como es y no de otra forma.

Leibniz no tendría problema con conceder1), sin embargo, indicaría que eso no constituye propiamente predeterminación sino, más bien, la simple relación de dependencia de una criatura (constituida por una serie específica de acciones y pasiones) con su creador. Por qué no representa un problema será más claro un poco más adelante. En cuanto a2), Leibniz la negaría rotundamente: la configuración de la serie específica de acciones y pasiones que me constituyen no es obra de Dios en el sentido de que ni las características de sus elementos ni el orden de estos es decidido por Dios sino solamente contemplado[4]. Cada uno de los posibles individuales (considerados en los infinitos mundos posibles) es lo que es en sí mismo desde la eternidad en virtud, únicamente, del PNC. De esta forma es que la serie específica de acciones y pasiones que me constituyen está predeterminada desde la eternidad y, sin embargo, no está predeterminada por alguien. Es también de esta forma que se puede decir que mis actos fluyen espontáneamente desde mi propia noción o, lo que es lo mismo, que son producidos por mí y que, por tanto, pueden serme atribuidos.

En cuanto al problema de que mis acciones aparentemente han sucedido antes de ser realizadas por mí, la dificultad puede ser expuesta sintéticamente de la siguiente forma:

1) La serie específica de acciones y pasiones que me constituye (identidad) está predeterminada desde la eternidad.

2) Yo actúo ahora.

---

[4] Por supuesto, mi existencia es obra de Dios, pero ello no implica que Dios también sea, por esta causa, el autor de mi identidad.

3) Dados 1) y 2), no soy responsable de mis actos pues lo que hago, en realidad, ya ha sido hecho.

El argumento es difícil de refutar dado que su complejidad proviene de la forma misma en que nos expresamos, sin embargo, habrá que negar 1) pues es falsa o, al menos, inexacta. Cuando decimos: predeterminado desde la eternidad, es prácticamente inevitable asumir que ello ha sucedido en el pasado. Sin embargo, esto es inexacto. El plano en el que sucede la consideración de los infinitos mundo posibles y, por tanto, la predeterminación de las series específicas individuales, es atemporal. «Desde la eternidad» no quiere decir hace mucho tiempo. Como puede verse, el problema surge dado que el lenguaje humano versa sobre lo temporal. Tal vez lo más adecuado (sin serlo completamente) sería decir que la consideración de los infinitos mundos posibles y la predeterminación de las series específicas individuales sucede en este momento, de forma simultánea al traslado de algunas de ellas a la existencia: creación continua. Sólo de esta forma puede eliminarse la impresión de que hay una primera realización de mis actos en la eternidad (en el pasado) y luego una segunda realización en el presente, la cual difícilmente se puede asumir como propia pues su causa al parecer no soy yo, sino otro yo en la eternidad.

Podemos volver ahora al ANR. Como dije, la premisa mayor no se sostiene pues es precisamente la serie específica de acciones y pasiones que me constituye la que determina lo que puedo hacer o evitar, esto es, lo que está en mi poder. Es importante mencionar que Leibniz no considera que cambiar la serie específica o noción completa sea una de las cosas que está en mi poder. Así, la forma correcta de enfocar la responsabilidad sería decir que yo soy plenamente responsable por ser lo que soy, pero no por no ser lo que no soy:

> En esta refelxión es decisivo que la libertad se localice en el espa-
> cio de la posibilidad del reino de las ideas y debe aplicarse en los
> mundos posibles. El hecho de que un individuo posible en un mundo
> posible decida libremente significa que se representa diferentes posi-
> bilidades, las cuales pertencen a diferentes transcursos posibles del
> mundo y, como resultado de estas representaciones, se decide según el
> princpio de lo mejor. Esta decisión es por ello parte del mundo posible
> al cual pertence este posible individuo. Sin embargo, en el mundo
> creado todo parece estar determinado, porque la libertad consiste
> fundamental y esencialmente «sólo en el espíritu» (Grua I.384) y no
> podría ser visible en una cirugía de cerebro como uno de sus estados
> (Leibniz utlizó el ejemplo de un molino, en el cual podemos observar
> ruedas y transmisiones, pero nunca los fines; cfr. Carta a Bayle, 1702;

GP III.68). En palabras de Leibniz: «Pues Dios, a partir de esta misma noción de esta sustancia libre singular considerada tanto que posible, prevé cuál será la elección futura de esta y, por consiguiente, decreta acomodar para ella la predeterminación en el tiempo, supuesto que decida admitirla entre las cosas existentes». (AA VI.4.1522)[5]

---

[5]   POSER, Hans, «El triple problema de la libertad en Leibniz», en CASALES y SOLÍS (comp.) *Libertad y necesidad en Leibniz. Ensayos sobre el laberinto leibniziano de la libertad*, R. Casales y C. M. Domínguez (trad.) UPAEP, Puebla, 2015, pp. 102-103.

Bibliografía

EDICIONES DE LAS OBRAS DE LEIBNIZ

AA: *Gottfried Wilhelm Leibniz, Sämtliche Schriften und Briefe*, herausgegeben von der Deutschen Akademie der Wissenschaft zu Berlin, Darmstadt (1923 y ss.), Leipzig (1938 y ss.), Berlín (1950 y ss.).

GP: *Die philosophischen Schriften*, herausgegeben von C. I. Gerhardt, Hildesheim, 1965.

GRUA: *Textes inédits d'après les manuscrits de la bibliothèque provinciale de Hannovre*, publiés et annotés par G. Grua, Paris, 1948.

TRADUCCIONES CONSULTADAS DE LAS OBRAS DE LEIBNIZ

OFC: *Obras filosóficas y científicas*, 20 vols., editorial Comares, Granada, 2007ss.

ROLDÁN: *Escritos en torno a la libertad, el azar y el destino*. Gottfried Wilhelm Leibniz, Selección estudio preeliminar y notas por Concha Roldán Panadero; Roberto Rodríguez Aramayo y Concha Roldán Panadero (trad.), Tecnos, Madrid, 1990.

RADA: *La polémica Leibniz-Clarke*, Eloy Rada (ed.), Taurus, Madrid, 1980.

ROVIRA: *Compendio de la Controversia de la Teodicea*, traducción e introducción por Rogelio Rovira, opuscula philosophica 4, Ediciones Encuentro, Madrid, 2001.

OBRAS SOBRE LEIBNIZ CONSULTADAS

BLUMENFELD, David, «Freedom, Contingency and Things Possible in Themselves», en R. S. Woolhouse (ed.) *Gottfried Wilhelm Leibniz Critical Assessments*, Routledge, London & New York, 1994.

FRANKEL, Lois, «Being Able to do Otherwise: Leibniz on Freedom and Contingency», en R.S. Woolhouse (ed.) *Gottfried Wilhelm Leibniz Critical Assessments*, Routledge, London & New York, 1994.

HERRERA, Alejandro, «Existencia, propiedad, cualidad, accidente y atributo en Leibniz», Revista de Filosofía, no. 57, 1986, pp. 421-440.

— «Una ontología neoleibniziana: La teoría de las guisas de Héctor-Neri Castañeda», G. Hurtado y O. Nudler (comp.), *El mobiliario del mundo: ensayos de ontología y metafísica*, UNAM-IIF, México, 2007 (Filosofía contemporánea. Serie antologías).

ORTIZ IBARZ, José María, *El origen radical de las cosas. Metafísica leibniciana de la creación*, EUNSA, Pamplona, 1988.

POSER, Hans, «El triple problema de la libertad en Leibniz», en R. Casales y R. Solís (comp.) *Libertad y necesidad en Leibniz. Ensayos sobre el laberinto leibniziano de la libertad*, R. Casales y C. M. Domínguez (trad.) UPAEP, Puebla, 2015.

RUTHERFORD, Donald, «Leibniz on Spontaneity», en D. Rutherford y J. A. Cover (ed.), *Leibniz: Nature and Freedom*, Oxford University Press, New York, 2005.

SEESKIN, Kenneth R., «Moral Necessity», en R. S. Woolhouse (ed.) *Gottfried Wilhelm Leibniz Critical Assessments*, Routledge, London & New York, 1994.

OTRAS OBRAS CONSULTADAS

ARISTÓTELES, *Ética Nicomaquea*, versión española y notas de Antonio Gómez Robledo, UNAM, México, 2012.

BARTRA, Roger, *Cerebro y Libertad. Ensayo sobre la moral, el juego y el determinismo*, Cenzontle FCE, México, 2013.

BENÍTEZ, Laura, «Determinismo y libertad en la filosofía natural de Descartes», Estudios, Vol. XI, no. 107, México, 2013, pp. 163-176.

CORNMAN, J. W., PAPPAS, G. S. y LEHRER, K., *Introducción a los problemas y argumentos filosóficos*, G. Castillo, E. Corral y C. Martínez (trad.), UNAM-IIF, México, 2012.

DENNETT, Daniel C., «No podría haber actuado de otro modo ¿y qué?», en J. E. Corbí y C. J. Moya (ed.) *Ensayos sobre Libertad y Necesidad*, Pre-Textos (Servicios de Gestión Editorial), Valencia, 1997.

GARCÍA-VILLALOSADA, R., *Raíces históricas del luteranismo*, B. A. C., Madrid, 1976.

LINARES, Joan B., «La "libertad" en el Humanismo Renacentista y la Reforma», en J. E. Corbí y C. J. Moya (ed.) *Ensayos sobre Libertad y Necesidad*, Pre-Textos (Servicios de Gestión Editorial), Valencia, 1997.

— *Martín Lutero. Obras Reunidas I. Escritos de la Reforma*, Pablo Toribio (ed. y trad.), Editorial Trotta S. A., Buenos Aires, 2023.

— *Obras completas de San Agustín*, Vol. XVI: La ciudad de Dios (1ª Parte). Victorino Capánaga (ed.), Santos Santamarta Del Río y Miguel Fuertes Lanero (trad.), 4ª ed., B. A. C., Madrid, 1988.

ROWE, William L., *Can God Be Free?* Oxford University Press, New York, 2004.

SORABJI, Richard. *Necesidad, causa y culpa. Perspectivas sobre la teoría de Aristóteles*, R. Salles (trad.), UNAM, México, 2003.

Abstract

The independence of the possibles in the mind of god: Leibniz's solution to the problem of freedom and its relationship with the best possible world's creation

IS THERE A GOD OR ARE WE FREE?

August 1716. Leibniz has returned to Hannover after the refusal of George I, just promoted to the throne, to take him to England. Death already looms over the philosopher and will descend in just three more months. The same problem over again. In spite of have been solved and explained in numerous occasions it reappears, this time with the face of Clarke. How is freedom possible? Leibniz, once again, enunciates, in a letter of August 18, the master lines of the solution he has built over four decades. He does not miss the opportunity to express the astonishment that comes from the fact that, no matter how many times he has explained his position (both for those who requested it and for those who did not), he is misinterpreted again:

They often strive to impute me necessity and fatality, although perhaps no one has explained better and more deeply than I did in my *Theodicée* the real difference between freedom, contingency, spontaneity, on one hand, and absolute necessity, chance and coercion, on the other. I do not know yet if they do it because they want to, despite what I can say, or if those accusations come bona fide from someone who has not meditated on my thoughts yet (...)[1].

---

[1] GP VII, 389.

The problem of freedom was not originally detected by Leibniz but was formulated in classical antiquity as a natural result of the exercise of philosophy. On the one hand we notice that reality is ordered and rational and it does not proceed in any way but as it corresponds to its own constitution. On the other hand, human actions seem not to adjust to the way of proceeding of the rest of reality. Apparently, we can act disorderly and irrationally. In this way, the extremes of the disjunction are established: either everything is ordered and determined and, therefore, freedom is impossible, or not everything is determined and rational and so the human being is (or could be) free. Either we lose the rationality of reality or we lose freedom. Neither option is, in principle, acceptable. And if we add God as the cause of the order and rationality of reality, the problem becomes more complex: Either God exists or I am free. As can be seen, the difficulty and the importance of the problem of freedom do not lie solely in determining the general configuration of reality (rational or irrational, ordered or chaotic, determined or indeterminate), but its possible solution also implies each one of us. If the rationality and order of reality imply the impossibility of freedom and reality is effectively rational, then that for which we value our lives vanishes. What is the meaning of life if we are not free or if we cannot, at least, become so? This problem, understood as a disjunction that must somehow be dissolved, has been faced by many of the most illustrious and brilliant minds of the West: Aristotle, Zeno, Epicurus, Cicero, Seneca, St. Augustine, Duns Scotus, St. Thomas Aquinas, William of Ockham, Martin Luther, Erasmus of Rotterdam, Descartes, Hobbes and, of course, Spinoza, are just some of the thinkers who have set a position on the problem of freedom, and in all cases these positions consider the relationship between determination and indeterminacy (or self-determination, in many cases) and distinguish themselves depending on the importance assigned to each of the extremes. Of all the solutions to this problem, Leibniz's has two characteristics that make it especially interesting and worthy of being considered both within its own context and in our time.

In the first place, the leibnizian solution to the problem of freedom has the characteristic that it effectively lies somewhere between two equally extreme positions and, in Leibniz's eyes, equally false. That is, Leibniz's solution lies between absolute necessitarianism and absolute indifferentism. For Leibniz absolute necessitarianism is undesirable and untenable mainly because it implies an incorrect consideration of God and therefore an incorrect consideration of Nature and human being. To consider that a blind and absolute necessity reigns in nature is either to dissolve God in that very necessity turning Him into «something» of nature (as Stoics and Epicurus did to Leibniz's eyes) or it implies depriving God of the attribute of wisdom. If it is true that nothing could be otherwise, then it is true that God chooses nothing and He creates what he has to. His choice and action are necessary (necessity unfolding) and they lack any merit. Leibniz considers God as a perfectly individual being, different from his creation, wise and free. That is, he cannot be obliged to choose this or that but he must choose based on his perfect knowledge of things, on what seems best. Now, to consider freedom (whether human or divine) as indifference implies broadly speaking that election can be carried out in absolute independence of the real or apparent characteristics of the elected object. This position constitutes a decided affront to the first and basic belief of Leibniz, belief that is translated in the founding stone of the leibnizian system, that is, the principle of sufficient reason: nothing without reason.

Secondly, Leibniz's solution has the particular characteristic that it is, effectively, a solution. Leibniz made great efforts to construct an explanation that included all the pertinent elements and excluded all possible grey areas so, therefore, could be applied to any particular case. It seems to me that he has succeeded. Do I mean by this that Leibniz's solution is completely true? No. What I mean is that Leibniz's solution is complete and that it does not evade consequences, relationships or applications, however difficult they may be.

Given these general considerations, I intend to shed some light on the problem of freedom in general and on Leibniz's solution to this same problem in particular. In this work I will show specifically that:

a) The problem of freedom, as Leibniz received it, can only be solved if we approach to it from the perspective of creation, that is, from the perspective of the relationship between creator and creature, due to it is only from this perspective that it can be clearly established what the difference between them consists of. From this difference it is possible, to establish the range and limits of both divine and human action.

b) The difference between creator and creature that makes possible the Leibnizian solution to the problem of freedom consists in what I will call the independence of the possibles within the mind of God (IPWMG). I will clearly explain this concept and its limits and scope and I will show that although it is a concept named by me and not by Leibniz, it is possible to establish that he used it and that it is the fundamental piece of its solution to the problem of freedom and the constituent element of other parts of the Leibnizian system.

c) Although Leibniz's solution to the problem of freedom has clear deterministic features, it does not absolutely exclude the individual responsibility of the human agent, which is constituted by two elements: on the one hand the capacity of the human agent to act from its within (spontaneity, possible thanks to the IPWMG), on the other the simultaneity in the creative action of God, that is, the creation considered as continuous creation. From these elements I will establish what responsibility is and what are its limits and scope. Deriving from this same topic, I will address two other important issues: First, whether the possibility of acting in a different way from the one I did is a requirement of freedom and secondly if Leibniz should be considered as a compatibilist because of his solution to the problem of freedom.